森岡健太の
道徳 *doutoku* 板書

森岡健太 著

明治図書

まえがき

板書の魔力

　突然ですが，質問です。道徳の授業における「板書」の役割は何でしょうか。このように問われると，様々な考えが思い浮かぶはずです。

「思考を整理する役割」
「思考を可視化する役割」
「考えを広げたり，深めたりする役割」
「多面的・多角的に考えられるようにする役割」

　パッと思いついたことを書き出してみました。それだけでもたくさんの役割が出てきます。これらの項目を眺めてみてください。これらにはとある共通点があります。それは……「思考」という要素です。ここで一つ，板書の「思考」に関するエピソードを紹介しましょう。

　コロナ禍のことでした。4時間目の道徳の授業。子どもたちからは，本当にたくさんの意見が出ており，黒板に子どもたちの思いがあふれていました。なかなかよい話し合いができたなと思いつつ，授業が終わったので黒板の字を消そうとすると……。

　「先生！　黒板を消すのはもったいない！　どうせ，給食は黙食でしゃべることができないんだから，黒板を見てじっくりと考えながら給食を食べたい！」

　子どもからこんな声が上がりました。これほどまでに嬉しいことがあるのだろうかと心が震えたのは今でも記憶に新しい出来事です。

たかが板書。されど板書。板書一つで，こんなにも子どもが熱くなるなんて，まるで魔法のようです。ここに「板書の魔力」を感じました。

　こんな話を聞くと，「どれほど素晴らしい板書だったんだろう」と興味が湧いたかもしれません。ですが，そのときの板書はお世辞にも「見た目の美しさ」とはかけ離れていました（その分，子どもたちの思いはあふれていましたが）。

　ところで，校内研究授業の事後研究会で「この板書は，後から教室に来た人でもパッと見で内容がわかる素晴らしい板書だ」という意見を耳にすることがあります。

　ここでいう「素晴らしい」とは，誰目線の「素晴らしい」なのでしょうか。後から教室に入ってきた人（教師）がパッと見でわかるということが素晴らしいということなのでしょうか。

　私はそうとは思いません。板書はいつだって，「子どもたちのため」にあるものだと思っています。そう考えると，見た目の美しさや体裁を整えるよりも，「子どもたちがワクワクして，思わず考えたくなるような板書」にしていく方が大切ではないでしょうか。

　本書では，「子どもたちがワクワクして，思わず考えたくなるような板書」になるためのコツや型について紹介しています。1章では，板書のコツをお伝えします。2章では，「板書の8つの型＋α」を実例とともに紹介します。3章では，実際の板書について，細かいポイント解説も交えながら，じっくりと考察していきます。

　いずれの章も実際の板書の写真をもとに，丁寧に解説をしていきますので，最後までお付き合いいただけたら幸いです。

森岡　健太

Contents

まえがき　板書の魔力　2

1章　板書を豊かにする鍵

01	板書は写すためではなく思考を促すためにある	……8
02	板書の役割を捉える	……10
03	板書計画と実際の板書の関係性	……12
04	めあてはどうするの問題	……16
05	字の丁寧さと思考の速さの話	……18
06	言葉を短く切るコツは子どもにあり	……20
07	「映える板書」より「見心地のよい板書」	……22
08	一緒につくるからこそ面白い	……26
09	「言葉の繋がり」が「思考の繋がり」を生み出す	……28
10	具体と抽象の行き来をせよ	……32
11	図解思考を取り入れてみる	……36
12	イメージの可視化〜桃太郎トレーニング〜	……40
Column 1	図解思考になったわけ	……44

2章 8つの型でつくる道徳板書

01	板書の8つの型の分類	……46
02	板書の8つの型診断ツール	……48
03	心情曲線型	……52
04	葛藤型	……58
05	対比型	……64
06	比較型	……70
07	イメージマップ型	……76
08	過去未来型	……82
09	吸い上げ型	……86
10	壁乗り越え型	……92
11	ネームプレート活用型	……96
12	挿絵構造的活用型	……102
13	思考深掘り型	……108
Column2	授業が始まる前の心の準備	……114

3章 実例でよくわかる道徳板書

01	同じ教材でも板書は変わる	……116
02	クラスの実態に応じて板書の手法を変えてみる	……126
03	徹底解説！「自分たちでつくる板書」とは	……136

あとがき　黒板は一枚のキャンバス　156

1章

板書を豊かにする鍵

01 板書は写すためではなく思考を促すためにある

「道徳の板書ってどうやって書くの」「道徳の板書が苦手です」という声をよく聞きます。私も以前，板書をどうすればよいのかと悩んでいたことがあります。ですが，板書に対する考え方を少し変えると板書が楽にできるようになってきますよ。

■ 板書は何のためにするのか

　今，私はこのページを大好きなスターバックスで書いております。スタバのコーヒーを飲みながら MacBook を開いてカタカタと文字を打ち込んでいたら，オシャレじゃないですか（完全にミーハーですが笑）。
　まぁ，それはさておき，スタバの元 CEO ハワード・ビーハーは社員に対して次のように語っています。

「私たちはコーヒーを売っているのではない。コーヒーを提供しながら人を喜ばせるという仕事をしているのだ」

　コーヒーを売る店であるスタバなのに，コーヒーを売っているわけではないとは，大胆な発言をしたものです。
　ですが，この理念は非常に共感できるところです。スタバに行くと時間がゆったりと流れているような感覚になります。それだけお客さんがくつろげる空間を提供しようというコンセプトが見えるからです。
　さて，板書の場合はどうでしょうか。板書にはいくつかの役割があります

が，少なくとも道徳では以下のように考えたいです。

> 板書は「写すため」ではなく「思考を促すため」にある

　「板書は児童生徒が写すためのものである」という捉え方をしている場合，板書することを難しく考えてしまうのも仕方がないといえるでしょう。

　なぜなら，「この言葉を引き出して，板書計画通りに板書をして，児童生徒に本時の授業のポイントを理解させよう」と考えているからです。

　道徳にはテストがありません。そして，「道徳の時間には正解がない」ともよく言います。

　つまり，気負って「絶対に板書計画の通りにしよう」や「この言葉は絶対に子どもから引き出して板書として残そう」と考える必要はないのです。

　どうですか。そう考えると肩の力が抜けてきませんか。私は，かつて若手の頃，「今日の板書は板書計画通りにいっていい板書だ」と思っていたことがありました。でもね。今から思うと，それは子どもたちにとって，「楽しい板書」や「考えたくなる板書」とは違っていたかもしれません。それは，私が「私のやりたいように仕上げた板書」だったからです。

　あのときに戻って，もし過去の自分にアドバイスできるなら，「もっとリラックスして書けばいいよ。だって，板書は教師が一人でつくるのではなく，子どもたちと一緒につくりあげていくものだからね」と言ってあげたいです。本書を手に取ってくださったみなさんも，まずは板書をする際に，リラックスするところから始めていきましょう。

ポイント
・板書は「写すためのもの」という考えからチェンジしよう
・リラックスして板書をしていこう

1章　板書を豊かにする鍵　9

02 板書の役割を捉える

「板書は思考を促すためにある」と前のページで述べました。思考を促すためには、どのようなことに気をつけて板書を進めていけばよいのでしょうか。教師が板書の役割について意識することが、板書をする上で大切なのではないでしょうか。

■ 対話に板書は必要か

　とある道徳の授業を観に行ったときのことでした。授業で板書を全くしていなかったのです。授業者の方に話を聞くと、「対話に向き合う時間を増やすために板書をしていない」とのことでした。ここで、私の疑問センサーが働きました。そもそも板書をする役割は何だろう。授業中、板書をしなくても対話を成立させることが最終目標なのでしょうか。私の答えは「否」です。

　例えば、一対一の会話なら板書はいらないですよね。板書をしていると会話のテンポが遅くなってしまいそうです。他にも、４人くらいで飲んでいるときにも板書はいらないですよね。そんなことをしていたら鬱陶しくてお酒が美味しく飲めません。これらは、「会話」だから板書が必要ないのです。「会話」は会話そのものを楽しむためにやっており、そこから何か考えを深めようなどと目的意識をもってやっているものではないですよね。
　一方で、授業にはねらいがありますし、「対話」は思考を広げたり深めたりするためにやっています。だから板書は必要だと考えます。
　その上で、板書の役割を考えてみましょう。板書の役割には様々なものが

あります。「記録する役割」「整理する役割」「思考を促す役割」など……。

ここでは「記録」に注目してみましょう。一度記録した言葉は、その時間に何度も使うことができます。記録した言葉を何度も使うことで子どもたちの思考を広げたり、深めたりしていくことができるのです。

「母さんの歌」という授業の導入で「清らかな心とは？」と問いました。すると、写真のように「ウソをつかない」という意見が出てきました。

実は、このお話では女学生が命の灯が消える寸前のぼうやに対して、「母さんはここにいるよ」と嘘をつきます。これは、亡くなる寸前のぼうやを安心させるための嘘なのでした。

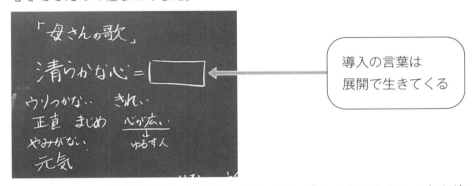

導入の言葉は展開で生きてくる

ここで一つの矛盾が生じています。導入では、「ウソをつかないことが清らかな心である」と考えていた子どもたちですが、教材を読んだときには、「ウソをつかない＝清らかな心とは違うのかな」と考え始めるわけです。板書に文字として残してあるからこそ、「あれ？　みんなが最初に言っていたことと違うよね。どうなんだろうね」と問うことができます。教師として「整理」「記録」などの役割を意識しながら板書を進めていきたいものですね。

ポイント
- 「対話」をする上では板書があるからこそ深まりが生まれる
- 言葉として「記録」しておくことで、後の展開で生きてくる

1章　板書を豊かにする鍵　11

03 板書計画と実際の板書の関係性

「リラックスして板書をすればよい」「板書計画通りにいくのがよいとは限らない」そのようなことを前のページで述べました。では，板書計画はいらないのでしょうか。いや，そういうわけにはいかないのではないでしょうか。

■ 板書計画は宝の地図であれ

　実際にできあがった板書を「その時間で学んだ『宝物』」とするならば，板書計画はさしずめ「宝の地図」といったところでしょうか。

　さて，ここで漫画などで出てくる「宝の地図」を思い浮かべてみてください。詳細に宝物までの道順が書かれている地図はありませんよね。「ヤシの木から見て，だいたいここくらい」といった感じでアバウトなものです。でも不思議と主人公は宝物にたどり着いてしまうのですよね。

　授業もこの感覚に近いものがあります。「だいたいここくらいに発問①のことを書いて，だいたい真ん中は中心発問のことを書こう」と，これくらいアバウトなもので大丈夫です。そういう意味でいうと，「板書計画」というよりは「板書の方針」くらいの方が言葉としては，しっくりとくるかもしれません。

　アバウトな板書計画なら，「もはやいらないのでは？」と思うかもしれませんが，そんなことはないです。少なくともどちらに向かって授業しているのかということがないと，授業中に迷子になってしまうからです。ゆるい板書計画があるからこそ，リラックスして板書をすることができるのです。

■ 板書計画の基本は3分割で考える

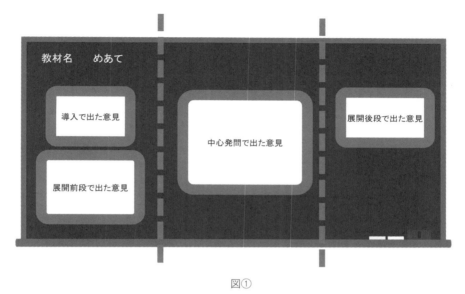

図①

　図①をご覧ください。こちらは板書計画の基本となります。今回は横書きで紹介しますが，縦書きの場合も基本的には同じ構造になっていると考えてもらって大丈夫です。

　2章で紹介する板書を見ていただければわかると思いますが，私は多様な種類の「板書の型」を使い分けて板書をしています。ですが，基本は全て図①をもとにして考えています。

　図①では，黒板を3分割しています。左側を導入や展開前段で出てきた意見，真ん中を中心発問で出てきた意見，右側を展開後段で出てきた意見というように分けています。

　これをベースとして，分割の線の幅を教材によって変えていきます。中心発問についてたっぷりと場所を取りたいときは真ん中の幅を広げていきますし，逆に，展開後段をじっくりと考えさせたいときには，右側の幅を広くするといった感じで調整をしています。

1章　板書を豊かにする鍵　13

■ 板書計画と実際の板書を見比べる

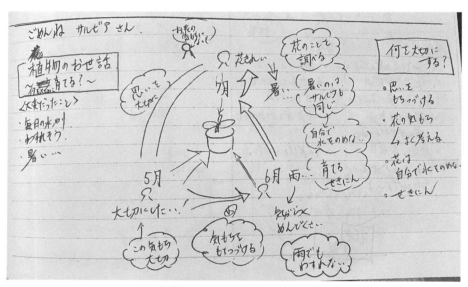

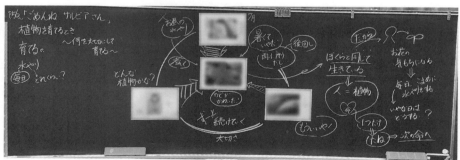

　3年生の教材「ごめんね，サルビアさん」（日本文教出版「小学どうとく 生きる力　3」）です。上のノートの写真を見てもらうとわかると思いますが，基本形の3分割の形で板書計画を立てています。
　そして，下は実際の授業をした板書の写真です。どうでしょうか。まず見比べてみると，基本形の3分割が同じというところは見て取れると思います。

ノートに出てくる言葉と，板書の言葉を見比べてみてください。ノートの方は私が予想していた言葉ですが，ものの見事に同じ言葉は並んでいませんよね。

　実はこの授業は飛び込みで行ったので，クラスの様子があまりわからない状態で行ったものでした。私の予想としては，「植物を育てるときには『責任をもつ必要がある』」ということを中心として話し合いが進むのではないかと予想をしていました。

　ところが，実際に授業をしてみると子どもたちの感性の方が私の予想よりも遥かによかったのです。

　「サルビアさんもぼくたちと同じで生きている」

　「人も植物も同じ。命は一つしかない」

　「だからこそ，育てるときには花の気持ちになる必要がある」

　「この『命』は『種』で次に繋がっていく」

　いかがでしょうか。子どもの感性はいつだって素晴らしいので，板書計画を超えていってしまうことがしばしばあります。

　「素敵だな」と思った言葉はすぐに板書に反映していきます。すると，子どもたちも「自分たちで板書をつくっているんだな」という感覚になってきます。

　このように，基本となる大枠は板書計画の段階で考えておきます。今回でいうと，「基本の３分割」と「挿絵を貼る位置」がそれにあたるでしょう。そして，子どもの言葉を生かしつつ，その時間にしかできない板書をつくることを楽しんでいきます。もし私が「植物を育てるのには『責任をもつ必要がある』」ということに固執していたら，今回のような板書にはなっていなかったことだと思います。板書はリラックスして，楽しむことが一番！

ポイント
・板書計画はあくまでも「計画」だと思うこと
・「板書計画の基本は３分割」そこから調整していくことを大切にする

1章　板書を豊かにする鍵　15

04 めあてはどうするの問題

道徳の授業ではめあてを書くべきか，書かないべきか。書くとしたらどのような形で書いたらよいのか。めあてに対する悩みは尽きません。実は，私もかなり長い期間迷っていました。めあてに対して，私なりの考え方を示します。

■ そうだ！ めあてを書こう！

　道徳が教科化される前の話です。道徳の授業を校内研究で行った際，事後研究会において，「道徳の授業はめあてを書かなくていいんですよ。なぜなら，今日の学習で何が大切だったかを感じさせるのが道徳の授業だからです」といったご意見をもらったことがあります。

　このときは，なるほどなぁ。道徳の授業はそういうものなのかと納得した覚えがあります。そして時は流れ道徳が教科化された折には「道徳の授業では，めあてを書くものです。なぜなら，今日の授業で考えることを示した上で話し合いをした方が話し合いとして深まるからです。他の教科でもめあてを書きますよね。道徳も教科となったので同じように考えてください」このようなご意見をいただきました。

　いやいや言ってることが変わってますやんと思わなくもなかったのですが，時代の流れとともに教育も進化しているということを考えればごく自然なことかもしれませんね。というわけで，道徳の授業でもめあてを書くことにしたのでした。

■ 思考のスイッチが入る「めあて」とは？

　さて，「めあて」を書くとなったら，どのようなめあてを書けばいいのか迷うことがあります。私は子どもたちにとって比較的身近な内容項目に関しては「友情とは？」とシンプルな問いを本日の「テーマ」として示すことがあります。めあてに幅をもたせておくことで，「授業の中で自由に発言しやすい雰囲気をつくろう」とねらって，このような形にすることがあります。

　一方で，子どもたちにとって，身近ではない内容項目のときがあります。例えば「真理の探究」などはそれに当てはまるでしょう。そういうときは，めあてにも一工夫が必要です。『問いのデザイン　創造的対話のファシリテーション』（安斎勇樹・塩瀬隆之著，学芸出版社）という本の中に〈課題設定の罠〉という項目があり，この考え方が参考になるので，紹介しましょう。以下に紹介する5つの考え方に陥っていないか確認してみてください。

---

　①自分本位　②自己目的化　③ネガティブ・他責　④優等性　⑤壮大

---

　①は「授業者自身の自分本位のめあてになっていないか」，②は「授業者の目的を達成するためだけのめあてになっていないか」，③は「誰かを責めるようなめあてになっていないか」，④は「めあてにゆさぶりはあるのか」，⑤は「めあてが壮大になりすぎていないか」です。

　道徳で気をつけたいのは⑤です。「真理の探究とは？」とすると，めあてが壮大になりすぎるので，「探究をする心が芽生えるのはどんなとき？」など，考えるハードルを下げて設定することも時には必要ではないでしょうか。

ポイント
- めあてを書くことで，話し合いを深めるための鍵とする
- めあてを考えるときは「課題設定の罠」に陥らないようにする

1章　板書を豊かにする鍵　17

05 字の丁寧さと思考の速さの話

さて，板書をするときにはどのくらいのスピードで書いていったらよいのでしょうか。そして字のきれいさはどれくらい意識して書けばよいでしょうか。まず，大前提として字を書く量を減らしていくことを大切にしたいものです。

◼ 字を書くときはスピード重視で

「頭がいい人は字が汚い」ということを聞いたことはありませんか。実は私の友達でとても頭がいい人がいるのですが，彼の字は正直言って汚いです（ごめんね）。それを本人に聞いてみたところ「思考しているスピードに自分の手が追いつかないんだ」と言っていました。

さて，板書の場合はどうでしょうか。もちろん板書は，教師一人だけのものではなく，教室全体で共有しているものなので，字が汚かったら読むことができませんよね。だから，「読める字」で書く必要があります。ですが，「きれいさ」というところにフォーカスしたら，必ずしも自分が書ける一番きれいな字ではなくてもよいと考えています。

板書は教室の脳内を可視化したものだとすると，字を書くスピードがゆっくりだと，思考のテンポも遅くなってしまいます。道徳の板書は「写すためにあるのではない」ということを前提に考えると，ゆっくりと文字を書く意味はそれほどないのです。書写の授業のときのように美文字で板書する暇があったら，スピードを重視してテンポよく板書していきたいものです。

■ とにかく「待ち」の時間をつくらないようにする

　子どもが「親切は心がスッキリするので，いいと思いました。僕もやりたいです」と言ったとします。これを全て書いていたら時間がかかってしまいます。そして，教師が黒板に字を書いている間は子どもたちは「待ち」の時間となり，もったいない時間になってしまいます。

　この問題を解決するために，拙著『おもしろすぎて授業したくなる道徳図解』では文字は13文字以内（人がパッと見でわかる文字数）で板書をすることを推奨していました。上にあげた親切に対する発言だと，板書上では「親切→スッキリする」といった形で板書をすることでしょう。

　さらに，場合によっては相互指名を行いその際は板書に専念するということもあります。2章で示す「イメージマップ型」などは，思考を広げていきたいときの板書スタイルです。そういうときには，相互指名でどんどん発言させていき，こちらは猛スピードで板書を進めていきます。こうすることで，「待ち」の時間はなくなるわけです。

　私は，子どもたちが面白いアイデアをもっているときには，それを黒板に書きにきてもらうこともあります。もしも書きにくる子が多い場合は，その間，待っている子同士で対話を進めていきます。少し話が逸れましたが，授業の時間で無意味に「待ち」の時間をつくることは避けたいということが言いたいのでした。もちろん，発問を投げかけて一人でじっくりと考える時間は必要です。ですが，教師が板書をしているのをただ「待つだけ」という時間は，なるべくつくらないように授業を構成していきたいものです。これを意識しながら板書をすることで，常に考え続ける教室の雰囲気になります。

ポイント
- 字の丁寧さよりもスピード重視で板書を進めていく
- 板書をしている間の「待ち」の時間をいかに減らせるかを考える

1章　板書を豊かにする鍵　19

06 言葉を短く切るコツは子どもにあり

板書をするにあたって，スピードを重視することを前ページで述べました。いくらスピードをアップして板書をしたとしても，そもそもの文字を書く量が多い場合にはどうしても時間がかかってしまいます。そこをなんとかするためには……？

■ 言葉の意味を履き違えないために

　クラスの中には，自分の考えを話すのが得意な子と苦手な子がいます。得意といっても，そこはまだ子ども。思いをたくさん語ってくれるけれど，理路整然として……というのは難しい場合があります。
　学級経営をする上で，「対話」のルールを示すことがあります。例えば，「まず結論から話をして，その次に理由を言うこと」などです。これらの指導は大切なことであり，話す「型」を覚えるからこそ，子どもたちは語れるようになるということがあります。
　一方で，話す「型」にとらわれすぎていると，自由に語れなくなることがあります。自分の心の内を語ろうとすると，「型」を超えて，子どもたちは，自分の言葉で語り始めていきます。
　そして，自分の言葉で語っているときほど，発言が長くなっていく傾向にあります。例えば，「親切はＡだなぁって。それは，放課後に公園で遊んでいるときに，Ｂという経験があったからです。そこで，『Ｃ』って言われて……Ｄって思ったんです」といった感じです。
　クラスにこんな感じで話す子はいませんか。今回の例では，Ａ〜Ｄは具体

的な言葉で示されていないので，どこを板書するのか迷ったことでしょう。

・「親切はA」→これは結論だから，ここを板書する？
・「Bという経験があった」→具体的だから板書に残したい？
・「Cと言われた」→言葉を覚えているということは印象に残っている？
・「Dって思った」→そこからの気づきだから大切そう？

　おそらく，この中から授業の流れに合ったものを板書することになると思います。ですが，「教師が残したい言葉」と「その子が本当に黒板に残して欲しかった言葉」とには若干のズレが生じてしまっているかもしれません。

　そこで，「どの言葉を残すのか」を子どもに問います。「今，たくさん語ってくれたよね。どの言葉を黒板に残すのか迷ったんだけど……どうする？」と問います。「ぼくはCって言われたことが心に残っているからCです」などと答えてくれるので，そこを板書していきます。

　一見すると，人任せで無責任のように感じてしまうかもしれませんが，子どもが「残したい」と思っている言葉を残していくというのは，板書をする上で大切な作業になります。

　もしも，教師がDもいいなぁと感じていた場合は，Cを書いた上でDも書けばよいでしょう。ここで，Cを書かずにDを書くと，少し思いがずれてしまう可能性があるということなのです。

　最もまずいのが，教師が子どもの言葉を捻じ曲げてしまうことです。指導書に載っている言葉に合わせようとして，子どもの言葉を変えてしまうと……子どもの「本当の言葉」ではなくなってしまいます。

ポイント
・話す「型」も大切だけど，自由に語らせる空気を大切にする
・板書でどの言葉を残すのかは，子どもの「思い」を優先する

1章　板書を豊かにする鍵　21

07 「映える板書」より「見心地のよい板書」

SNSが登場してからというもの、「映え」という言葉がよく飛び交うようになりました。板書においては、どうでしょうか。インターネットを検索すると、「映える板書」というものがたくさん見つかります。

■ 「映え」よりも大切なものとは

　SNSで映えているスイーツとして、チョコレート、ケーキ、マカロン……これらは見ているだけで楽しいです。ですが、本当に味が美味しいかは食べてみるまでわかりません。
　同様に、板書についてもインターネットで「映える板書」がよく見られます。ですが、その授業を真剣に受けていたかは、そこにいた子どもたちの様子を見るか、聞いてみないことにはわからないのです。

　以前、勉強会にて「板書を見て授業講評をしてください」という依頼がありました。「板書」だけを見て、授業について語ってほしいというのです。これは至難の業です。どれだけ板書が整っていても、子どもたちの話し合いがうまくいっていたかは見極めが難しいからです。逆に、板書がスカスカの状態だとしても、もしかしたら「話し合い自体はとても充実していた」という可能性があります。その勉強会では、板書の写真を提供してくださった方へ、たくさん質問をすることによって、何とか話を進めることができました。
　「映える」よりも大切な要素は「見心地がよい」ことだと考えています。

ここで言う「見心地がよい」というのは，単なる「見やすさ」だけを指すわけではありません。その板書を見ていると思わず，「もっと考えたいなぁ」と思えるような板書です。

　授業が終わった後に，黒板の周りに集まってきて，「ここは，〜だったよね」と続きの話を始める子。「先生，こう考えたんだけどね」と，自分のノートを直接見せにくる子。「今日の授業面白かったよね〜」という子。そういう子が出てくると，「見心地のよい板書」としては成功したなと思うわけです。

　もちろん，板書だけで成功したかと言うと，そういうわけではありません。授業の流れや発問などが大切なのは言うまでもないことでしょう。とは言え，板書は授業を構成する上では大切な要素です。板書は「考えていることが視覚的にわかる」というのが最大の特徴でしょう。そこで，2章で紹介する「8つの型」を使っていくわけです。「比較」や「対比」は黒板上で視覚化することで，その時間で「考えること」が明確化されていきます。

　こうして，「見心地」を意識しながら板書をしているときに言われた言葉が，「まえがき」で紹介した「先生！　黒板を消すのはもったいない！」というものでした。

　本書ではたくさんの板書を紹介しています。読者のみなさんが，これは「映える板書だな」と感じるものが出てくるかもしれません。ですが，それは「映える板書」を目指してそうなったのではなく，結果としてそうなったものだということをご了承ください。

　さて，文字が多くなってきましたので，そろそろ実際の板書を紹介しながら話を進めることとしましょう。

1章　板書を豊かにする鍵　23

■ 「見心地のよい板書」

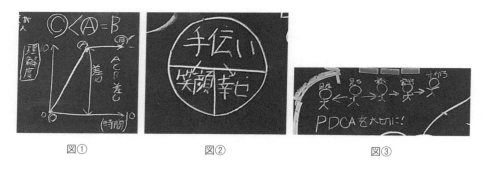

図①　　　　　　　図②　　　　　　　図③

　上の板書は5年生の教材「家族のために」です。拙著『おもしろすぎて授業したくなる道徳図解』にも掲載している特別な思い入れのある板書です。この授業をしたときから5年ほど経ちましたが，今でもそのときの様子を鮮明に思い出すことができます。

　この授業は「家族の幸せ」について考える授業でした。発問は少なく，導入の「家族の幸せとは？」，教材を読んでの「Aの場面とBの場面，どちらが家族への思いが強くなった？」，そして最後の「家族が幸せになるためには？」という3つの発問しかしていません。

　発問の数は少ないものの，話し合いは大いに盛り上がりました。まず，黒板の中央で「対比」をして示したことによって，子どもたちの思考が活発に

なりました。そこで，出てきたのが図①です。「先生，家族への思いが強くなったのは，AでもBでもなく，この経験をしたその後だと思う」といって，図①を黒板に描きにきてくれました。それをきっかけに，他の子もネームプレートを動かし，様々な意見が飛び交いました。

　最後に「家族が幸せになるためには？」と投げかけたときに，図②や図③などの図を黒板に描きにきてくれました。

　図②は算数の「道のり」を調べるときの公式を図にしたものです。学校では教えていませんが，どうやら塾で習ってきていたようで，その子は「家族の幸せ」に当てはめて考えていました。

　図③はPDCAサイクルです。これを黒板に描いた子は「幸せのPDCAサイクル」と名付けていました。

　他にもベン図や天秤図などがたくさん出てきているのが見受けられます。これらは，1人の子が何かの図を描くと他の子が別の図を描くといった具合に連鎖的に描きにきてくれたものです。

　話し合いが盛り上がってくると，このような連鎖反応のようなことが起きるのが授業をしていて本当に面白いと感じる瞬間です。

　板書を見ていただけたら，みなさんも感じたかもしれません。パッと見たら何が書いてあるのかわからない板書でも，子どもの思いが詰まった板書は本当に素敵なものです。「映え」にとらわれず，子どもたちとつくりあげていく「見心地のよい板書」を目指してみるのはいかがでしょうか。

ポイント
・「見心地のよい板書」とは思わず考えたくなる板書のことである
・板書では「思い」を自由に表現させてあげることを意識する

1章　板書を豊かにする鍵　25

08 一緒につくるからこそ面白い

近頃、「子どもたち主体の授業」や「子どもたちがつくる授業」という言葉をよく耳にするようになってきました。これは、板書においても同じことが言えるのではないでしょうか。子どもたちが参加する参加型の板書を目指していきます。

一緒につくるためのハードルを下げる

　前ページの「見心地のよい板書」では、子どもたちがたくさん黒板に書きにきている様子が見られました。子どもたちが黒板に書きにくるだけが「参加型板書」とも思いませんが、子どもたちの思いがあふれて自分から書きにくる姿は素敵なものです。
　では、どうしたらそのような姿になっていくのでしょうか。その答えは「教師の声かけ」になります。私は次のように声かけをしています。

「授業中、なるべく自分の『意思や考え』を表してほしい。手が挙げられる人は手を挙げて、考えを伝えよう。みんなの前で言うのが難しい人は、黒板に書きにくるのもOKです。合言葉は『言うも1回。書くも1回』です」

　授業の中ではただ聞いているだけの「お客さん」はつくらないようにしたいと常々思っています。「言う」のが難しい場合は「書く」という行為に置き換えても大丈夫なはずです。そのためにハードルを下げる声かけをします。

■ 意図的に「書く」活動を入れてみる

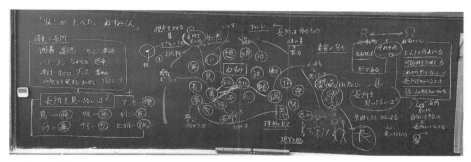

　絵本『りんごがたべたいねずみくん』（なかえよしを作・上野紀子絵，ポプラ社）を使った授業での板書です。黒板の中央に漢字が並んでいるのがおわかりいただけると思います。これは，主人公の「ねずみくんの長所を漢字一文字で表すと何か」という問いかけに対して，子どもたちが書きにきてくれたものです。

　最初に，ノートに漢字を一文字書かせ，なぜその漢字を選んだのかという理由も書かせておきます。そして，机間巡視の際に，「〇〇さん，面白い漢字だね。黒板に書きに行って」「〇〇さん，これはなかなか書いている人いないと思うよ。黒板に書いてきて」と2〜3人，こちらが当てていきます。すると，「先生，僕も書きに行ってもいいですか？」「私も書きたい！」という声が上がってきます。そうなれば，後はどんどん書かせてあげます。

　大切なのは，子どもたち自身に「書きたい」と思ってもらうことです。こういう活動を繰り返していると，授業中に「先生，図を使って考えたんだけど，描きに行ってもいいですか？」という声が上がるようになってきます。

ポイント
- 一緒につくるために「黒板に書く」ハードルを下げる
- 「黒板に書く」という活動を授業の中に盛り込んでみる

1章　板書を豊かにする鍵　27

09 「言葉の繋がり」が「思考の繋がり」を生み出す

前ページまでで、子どもたちの言葉から板書をつくることを考えてきました。「言葉を繋げていく」という意識をもちながら板書を進めていくと、子どもたちは「思考を繋げていく」という意識になっていきますよ。

■ 板書の中で言葉を繋げていく

「マジカルバナナ」というゲームをご存知でしょうか。「マジカルバナナ！バナナと言ったら？」「黄色！」「黄色と言ったら？」「プーさん」というように言葉から連想されるものをリズムよく繋げていくゲームです。

これは、板書でも同様です。言葉を繋げていくことで、思考の深掘りをしていきます。板書というより、授業そのものに関わる話でもありますが……。

T：「今日のお話を聞いてどう思った？」
C：「主人公が**親切**だと思った」
T：「どの辺でそう感じたのかな？」
C：「**おばあさんのためを思って行動した**ところ」
T：「でも、それは『おせっかい』にならないかな？」
C：「**おばあさんの立場に立って考えている**から、親切だと思う」

上のようなやり取りがされたときに、太字のところを繋げながら板書をしていくことで、思考の深掘りをすることができます。

■ 言葉の繋がりが思考を生み出す

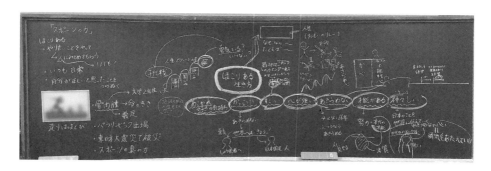

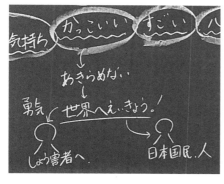

図①

図②

　６年生の教材「スポーツの力」（日本文教出版「小学道徳　生きる力６」）の板書です。パラリンピック選手である谷真海さんの生き方から「誇りのある生き方」について考えるのにふさわしい教材です。教材を読んだ後に、感じたことをキーワードとして挙げてもらいました。そこで出てきた言葉としては、「あこがれ，好きの気持ち」「かっこいい」「すごい」「心が強い」「あきらめない」「才能がある」「神々しい」というものでした。

　これを、言葉を連想しながら黒板上で深掘りをしていきます。「『かっこいい』と感じるのはなぜ？」「あきらめないところがかっこいい！」「あきらめ

1章　板書を豊かにする鍵　29

ないと，どんないいことがあるのかな？」「**世界へ影響があると思う**」「どんな影響があるの？」「谷さんと同じ**障害者へ勇気**が与えられると思う」「障害者だけではなく，**日本国民全体へ勇気**が届けられる」と，このように話し合いが繋がっていました（太字を板書）〈図①〉。

また，他のワードでは，「才能があるってどういうこと？」「**努力しているってこと**」「努力と才能の関係は？」「**本当の才能の部分は人に見せていないところにある**と思った」このように言葉を繋げていくと，思考の深掘りが進んでいきます。時には図を付け足すなどしてイメージが湧くようにしていきます〈図②〉。

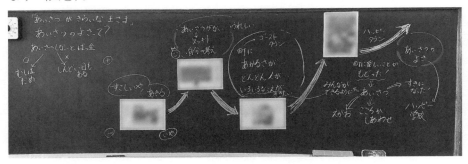

では，低学年の場合はどうでしょうか。低学年は高学年とは違って，語彙が少ないです。なので，高学年ほどは言葉がうまく繋がらないときもあります。ですが，低学年の子たちも言葉を繋げようという意識はもっているようです。

上の板書は，２年生の教材「あいさつがきらいな王さま」（日本文教出版「小学どうとく　生きる力　２」）です。

あいさつが嫌いな王様が，あいさつを禁止して，あいさつをした国民を牢屋に入れてしまうという場面があります。これを受けて，ある子が「そんなことをしたら，町が寂しい『**ゴーストタウン**』になってしまう」と発言しました。

よく映画などで出てくるような表現なので，この子は映画が好きなのかな

と思いました（飛び込み授業として行ったので，その子の特徴を把握していません）。これは，なかなか面白い表現だなと感じ，黒板にそのまま「ゴーストタウン」という言葉を残しておくことにしました。

　すると，面白いことが起きました。物語の最後の場面では，王様が思わず家臣にあいさつをしてしまい，あいさつの素晴らしさに気づくことで，挨拶禁止令を取りやめることになります。そこで，あいさつのよさについて，ひとしきりやり取りをした後，「このままあいさつが続くと，この国はどうなるかな？」と問いました。「ハッピーターンになる！」「え？　お菓子の？」「違う違う。ハッピータウンだよ」「だったら，学校でもあいさつが続くと，ハッピー学校になるんじゃない」

　こんなやり取りが生まれました。最初の「ゴーストタウン」を板書に残しておいたことで，「ハッピータウン」という発想が子どもの中から生まれてきました。さらに，そこから連想して「ハッピー学校」という言葉が出てきました。

　もちろん教材研究をしていた段階では，このような言葉が出てくるとは夢にも思っていなかったことです。「面白い」と感じた言葉は，そのままの形で残しておいてやると，子どもたちはどんどん連想して考えを深掘りしていくものだなと身をもって感じた経験でした。子どもの思考は柔らかい！

ポイント
・「言葉」を繋げて板書をしていくと「思考」も繋がっていく
・「面白い」と感じた言葉は迷わずに板書として残していく

1章　板書を豊かにする鍵　31

10 具体と抽象の行き来をせよ

道徳の授業の中では，自分の経験を語るような場面（具体）と，価値観について語るような場面（抽象）が入り混じっています。板書をする際には，どちらかだけに焦点を置くのではなく，バランスよく板書をしていきたいものです。

■ 具体と抽象の関係性

　板書における「具体と抽象」を理解するためには，まずこの両者の関係性について整理をしておかなくてはいけません。
　『具体と抽象―世界が変わって見える知性のしくみ』（細谷功著，dZERO）の説明が非常にわかりやすいので，こちらを参考にしながら説明を進めていきます。まず，具体や抽象がどのように定義されるかについて見ていきましょう。これに対しては，次のように書かれています。

「たとえば，『おにぎり』という言葉は具体的な表現でしょうか？　それとも抽象的な表現でしょうか？
『おにぎり』という言葉は，『鮭のおにぎり』『おかかのおにぎり』『明太子のおにぎり』を抽象化した言葉としてとらえることができますし，『食べ物』を具体化した言葉としてとらえることもできます」

　いかがでしょうか。「鮭のおにぎり」という具体から見たら，「おにぎり」という言葉は一段階抽象的な言葉になります。逆に「食べ物（全般）」とい

32

うカテゴリから見ると,「おにぎり」という言葉は一段階具体の言葉になります。

この「おにぎり」の「具体」と「抽象」の関係について図にしてみたものが下の図①となります。

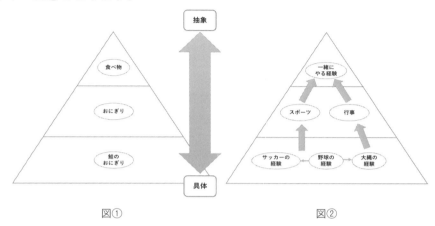

図①　　　　　　　　図②

これを道徳の授業に置き換えて考えてみましょう。ある子が自分の習い事でのことを思い出して,「野球では,友達との関係性が大切。一緒に練習をする中で友情が生まれてくる」と発言したとしましょう。発言をした子は,頭の中で「具体的な経験」を思い浮かべながら,話をしているので,この子の言葉は,明らかに「具体」ですよね。

さて,この発言を板書として残すとしたらどのような言葉で残しましょうか。「野球で友情が生まれる」と書けば,その子特有の経験に限定されてしまい,クラス全体としては,関係がない子が多数出てきてしまいますよね。

そこで,「他にもそういう経験をした人はいますか?」と問います。「サッカーのときには〜」「バレーボールのときには〜」などと,同様の経験が出てきたら,「ということは,スポーツをすれば友情が生まれるということ?」と問い,「スポーツ(をする中)で友情が生まれる」というように一段階,抽象に引き上げて書くことができます。

さらに聞いていくと,「クラスで挑戦した『大縄跳び』でも友情が生まれ

1章　板書を豊かにする鍵　33

たよ」という発言が出るかもしれません。

そうなると,「スポーツ」「行事」といったカテゴリからさらに一段階抽象化して,「何かを一緒にやる経験を通して,友情が生まれる」とできます。

どこまで抽象化していくのかは悩ましいところですが,少なくとも図の一番下のゾーンは個別的な事例なので,板書をしても,多くの子にとって参考になるとは言い難いのです。

このように,授業の中で,「具体」と「抽象」の適切な使い分けに気をつけて,思考の深化を促すことが大切です。「具体」から「抽象」へ,そして再び「具体」へと展開していく流れを頭の片隅に置いて,板書を進めていきます。

■ 「具体」→「抽象」→「具体」の流れを大切にする

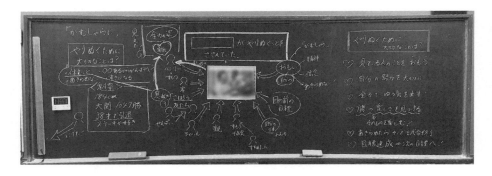

それでは,実際の授業の場面から「具体」と「抽象」の行き来について,確認をしていきましょう。4年生の教材「がむしゃらに」(日本文教出版「小学道徳 生きる力 4」)の板書です。この教材では,魁皇関が,あきらめそうになりながらも,「すもう人生」をやり抜いて偉業を達成するというものです。

「魁皇関は引退までに,1047勝という偉業を達成したわけだけど,何が魁皇関がやり抜くことを支えていたのだろう?」このように問いかけました。

前半では，ヘンリー，ライバル，友達といった，人に関することが出てきていました。これに対しては，人を簡単に表した図を付け足していくことでイメージが湧きやすいようにしています。この段階では，子どもたちが思い浮かべているのは，具体的な「人」という要素です。

　そして，後半にいくにつれて，魁皇関の「心」にスポットが当たってきました。「魁皇関の『おもい』が魁皇関を支えている」「『おもい』とは，信念のことだ」「目の前の目標を一つずつ達成しようということが，やり抜くことを支えていた」先ほどより，少し抽象的な考えとなっています。

　授業の最後には「やりぬくために大切なこと」について，あらためて考えました。その中身は，黒板の右側に書いてある内容になりますが，ここで面白かったのが，「あきらめたら，そこで試合終了」という発言です。みなさんは，この言葉を知っていますか。国民的バスケットボール漫画の『スラムダンク』で安西先生が言った言葉です。

　この漫画を読んでいたその子にとっては，この言葉は「具体」に当てはまることでしょう。漫画のワンシーンを思い浮かべながら言ったに違いありません。

　ですがこの言葉を聞いていた他の子には，この言葉は「抽象」になります。「あきらめたら，そこで試合終了」の「試合」は教材に当てはめて考えると「すもう人生」となりますし，自分事として考えると，それぞれが頑張っていることに置き換えることができることでしょう。

　黒板には，この言葉を残しつつも，ふりかえりでは，「自分の経験を思い出しながら書いてね」と促すことで，「具体」に落とし込んでいきます。このように板書の際には，「具体」と「抽象」を行き来することを意識していきます。

ポイント
・板書の中で「具体」と「抽象」を使い分けるようにする
・「具体」と「抽象」を行き来することで，思考の深みが増す

1章　板書を豊かにする鍵　35

11 図解思考を取り入れてみる

前ページでは,「具体」と「抽象」の行き来について述べました。しかし,いざ板書をするとなると,「抽象的なこと」は理解させるのが難しいものです。そこで登場するのが,「図解思考」となります。

■ イメージしにくいものは「図解」してみる

いきなりですが,「ドゥニアはまるい」という言葉を聞いてどのような形をイメージしますか?

次の図の中から選んでみてください。

図①　　　　　　　図②　　　　　　　図③

はい。もう選びましたか。答えは次のページで発表しますので,必ずどれか1つ選んでくださいね。

それでは,正解発表です。正解は……図②でした。「ドゥニア」とは,ス

ワヒリ語で「地球」という意味です。博識な読者のみなさまも流石に知らなかったことでしょう。

さて、あらためて図を見比べると、図①は図形の「円」になります。図②はボールなどの「球」になります。図③は角が丸っぽい形となります。

「ドゥニアはまるいんだよ」と言葉だけで説明されてもわからなかったものが、②とセットで提示されたら、脳内でイメージすることができますよね。「あ、ドゥニア（地球）もボールと同じで球体なんだなぁ」と。

おそらく、宇宙に行って、地球を眺めてみたという経験をしたことがある人は少ないでしょう。ですが、②を示されたら、我々の脳内ではイメージを具体化することができます。

実は、授業でも同じようなことが起こっているのではないでしょうか。例えば、「主人公はこの経験を通じて成長した」ということを子どもが発言したとしましょう。このまま「言葉」で板書をしてもよいのですが、もう一歩踏み込んで尋ねていきます。そのときに「図解思考」が役立ちます。以下の図を見比べてみてください。

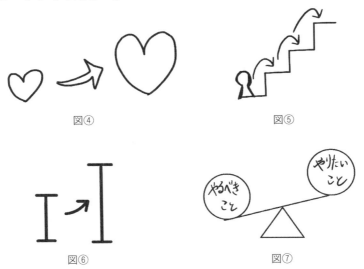

図④　　　　　　　　図⑤

図⑥　　　　　　　　図⑦

1章　板書を豊かにする鍵

図④は,「心の器が大きくなった」ということを表しています。内容項目でいうところの「寛容」に近いイメージでしょうか。
　図⑤は,「この経験をして,階段1つ分成長した」ということを表しています。努力して階段を1つのぼったようなイメージです。
　図⑥は,「メーターが伸びた様子」を表しています。忍耐力がついたということなどを示すことができるでしょうか。
　図⑦は,成長によって,「やるべきこと」と「やりたいこと」を比較できるようになったことを表しています。

　これらは一例に過ぎませんが,同じ「成長」でもいろいろな表し方がありそうです。子どもに問い返し発問をした際に,「成長とは,心が大きくなったってことだよ」と言えば,④のような図で板書していくことで,イメージの共有を図っていきます。すると,「言葉」として抽象的にしか捉えられていなかったものが,少し具体的になって,他の子どもにも届くのではないでしょうか。

■ 実際の授業における図解思考

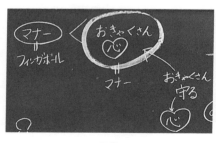
図⑧

図⑨

　それでは,実際の授業における図解思考を見ていきましょう。図⑧は,子どもの考えに基づいて図解をしたものです。図解といっても簡単な不等号の記号を使っただけなのですが,イメージはしやすくなったと思います。

「フィンガーボール」（日本文教出版「小学道徳　生きる力　4」）で，「なぜ女王はフィンガーボールの水をごくごく飲んだのか」を問いました。子どもたちからは，「『フィンガーボールは手を洗うもの』という，テーブルマナーよりも，目の前のお客さんを大切にするという「心のマナー」を大切にするってことだ」という意見が出ました。そこで，図⑧のように板書をしました。何かを比較する際には，不等号を使うと簡単に図解することができます。

　図⑨は「ロレンゾの友達」（日本文教出版「小学道徳　生きる力　6」）で，「本当の友達とは？」ということを問いとしていたときに，子どもが黒板に描いてくれたものでした。「友達に対して優しくすると友情が築けると思う。だけど，バケツからあふれるように，友情を注ぎすぎてもダメだと思う」ということでした。
　これは，いわゆる「おせっかい」や「過保護」に当てはまるようなことで，「優しくしすぎるのは，相手のためにならないときがある」というようなことを言いたくて，描いてくれた図でした。

　いかがだったでしょうか。道徳の話し合いは，「抽象度」の高いものになりがちです。そこで，「例えば，どんな経験があるの？」と問い返していき，具体に落とし込んでいくということが大切になってきます。ですが，ときには「図解思考」を使って，「抽象度」の高いものを教室にいるみんながイメージしやすくなるように表現するということも必要ではないかと考えています。
　図解は難しいと思うかもしれませんが，子どもたちの考えをワンポイントで図解していくと，思考が深まる板書となっていくのでおすすめです。

ポイント
・「図解思考」によって，誰もがイメージしやすい板書を目指す
・難しく考えず，まずはワンポイントで図解に挑戦！

1章　板書を豊かにする鍵　39

12 イメージの可視化〜桃太郎トレーニング〜

授業を見にきてくださった方から,「クラスの子たちは,なぜあんなに図を使って考えることができるのですか」という質問を受けることがあります。ここでは,図を使ってイメージを可視化する練習方法をお伝えします。

■ 桃太郎トレーニング

　何でもかんでも「図で示せばよい」というわけではないとは思いますが,言葉だけではなく「図で表現することもできる」という引き出しをもっておくと,子どもも大人も伝えたいことをより正確に相手に伝えることができるようになります。

　私のクラスの子どもたちは,よく図を使ってノートに記述したり,黒板に図を描いたりします。

　私が日頃からシンキングツールをはじめとして,様々な図を使って説明をすることが多いので,子どもたちはその影響を受けて図を描くことが多いのでしょう。ですが,実はそれだけが理由ではないのでした。

　年度初めに遊びのようにして「図解トレーニング」略して「ズカトレ」というものを取り入れています。以下,その方法を実際の授業の風景とともに紹介しますので,ぜひ生徒になったつもりで受けてみてください。

T：「では，今から『ズカトレ』を始めます」

C：「ズカトレって何ですか？」

T：「ズカトレとは，『図解トレーニング』の略です。今から，桃太郎の話を読みます。そこで聞いたことを『図を使って』メモしてください」

C：「難しそう！」

T：「ルールは簡単です。なるべく言葉を使わないこと。全部をメモしたら大変だから，大切だと思ったところだけ図にしてメモしてみたらいいよ」

〈桃太郎の読み聞かせ〉

T：「どうだった？　描けたかな？」

C：「全然，できなかったー！」

〈班の人と見せ合う〉

　ここで，子どもたちはあることに気づきます。それは「図」と「絵」の違いです。

T：「『図を使って』と最初に言っていました。みなさんが描いていたのは『図』ですか。それとも『絵』ですか」

C：「あれ？　絵になっているかも……」

T：「図で描くことと，絵を描くことの違いがわかる人はいますか？　そうですね……○○さんの描いているのは図になっていますね」

C：「○○さんは，なるべく簡単に描こうとしている」

T：「そうです。○○さんは，すぐ描けるように簡単にしていますよね。例えば，桃太郎のことは，○を描いて，そこに桃と漢字一文字で表しています。これで，桃太郎ってことが一目でわかるよね。では，あらためて，桃太郎が鬼を倒したということを『図を使って』表してみよう」

　次のページに想定図を載せています。みなさんも考えてみてください。

なかま

犬

キジ　サル

桃

勝利

鬼

　このような形で，描けそうです。こうやってみるとシンプルな図ですよね。
「鬼を倒した」というところだけを図にするのであれば，「おじいさん」や
「おばあさん」は描かなくてもいいわけです。鬼は「赤鬼」や「青鬼」が出
てくるけれども，「鬼」としてまとめてしまってもよいでしょう。そして，
この場面に限るならば，「村人」や「きびだんご」なども描かなくてよいと
思います。

　とまぁ，このような形で練習をしていくわけです。その中で，「桃太郎は
お話の中でどんどん成長していったよね。それを図にしたらどうなると思
う？」と問いかけます。そうです。この「お話を通して主人公が成長する」
というのは，一つ前の「図解思考」で示した図の④〜⑦のようなことを描け
たらいいわけです。

　桃太郎は，お話を通じて体が大きくなり成長しました。ですが，体の成長
だけではなく，心も大きく成長したわけです。そこを図にして話し合いをす
ると，もはやミニ道徳をやっている感じになっていきます。

　これは，私がクラスの中でやっている遊びのようなものです。ですが，こ
ういうことをやっていると，授業の中でも図を使って考えてみようかなとい
う子が出てきます。

繰り返しになりますが，何でもかんでも図にしたらよいというわけではないとは思います。しかし，「図で表すこともできる」という状態になると表現の選択肢が増え，話し合いが活発になるのは間違いないことです。

　また，図で示すというのは，教師目線で考えると板書のスキルが高まることにも繋がってきます。
　板書の際に，文字だけで板書をしていくと，どうしても情報量が多くなりすぎることがあります（私の板書も情報量が多すぎるときが多々ありますが……）。
　そこに，図が入っていると，図は板書のアクセントとして働いていきます。図があることで，板書が少し見えやすくなり，子どもたちはその図を起点として話し合いを進めていくことができるのです。

　いかがだったでしょうか。これが，私のクラスの秘密です。
　授業において，そのときの発問や板書が「どれだけ練ってあるか」ということも重要ですが，日頃から子どもたちの思考力の幅を広げるために，「図解」を使うなどして，「考え方」そのものを教えてあげることも大切ではないでしょうか。

　とはいえ，板書の中で図を使用するのは，慣れていないと難しいように感じるかもしれません。
　安心してください。2章の板書の「8つの型」では，板書の中で図を使う方法を紹介しています。「図を使って」考えるというのが苦手な方は，ひとまず2章の「8つの型」を真似しながら，板書をしてみてください。

ポイント
・板書で「図解」をする練習を取り入れてみる
・図で示すと，板書の情報量が多くてもスッキリとした板書になる

1章　板書を豊かにする鍵　43

Column ——————————————————————————————— 1

図解思考になったわけ

　私が図解思考になったわけをお伝えします。

　私は物覚えがあまりよくなくて，学生の頃は成績に伸び悩んでいました。特に大学受験の際には，全教科受けないといけないということで苦戦していました（当時はセンター試験という名前でしたね）。

　何かしらの工夫をしなくては……と思っていたときに出合ったのが，『ドラゴン桜』という漫画だったのです。そこでは，メモリーツリーを使って，自分の思考を整理してどんどんまとめていくという方法が紹介されていました。メモリーツリーとは，本書の板書の型「イメージマップ型」に近いものだと思ってください。

　自分がイメージしたものを，箇条書きや文章ではなく，単語でノートにどんどん広げていく。ときには，そこにイラストを足していく。そんな勉強法が当時の私にとっては画期的でした。

　例えば，アメリカについて学習する際には，アメリカの白地図を用意して，そこに鉱物の産地などをどんどん書き込んでいきました。そして，それにあったイラストをちょこっと足していったのです。

　これは，現在の私の板書にも生きています。例えば，社会科の板書の際に発電という言葉が出てきたら雷マークを書き，工場製品の流通について学習する際には工場のイラストと矢印を書き足すということをしています。

　こうやって，図解しておけば，後々思い出すときに図解の方を思い出すことで学習の中身を思い出すことができます。暗記する内容だけではなく，道徳で学習することも図解しておけば思い出しやすい……かもしれません。

2章

8つの型で
つくる道徳板書

01 板書の8つの型の分類

「板書についての考え方が理解できただろうから，さぁ，やってください！」といきなり言われると，難しいですよね。何事もまずは「型を真似する」ところからスタートするのが，学びの第一歩としてはわかりやすいのではないでしょうか。

■ まずは「型」から知ろう

　下に，それぞれの板書の型の特徴を一言で紹介しました。詳しい内容はこの後のページで写真付きで紹介していきます。気になったところから，読み進めてみてください。

①心情曲線型　　　　　　……主人公の心情を追う型
②葛藤型　　　　　　　　……主人公の葛藤を中心に考える型
③対比型　　　　　　　　……場面や登場人物を対比する型
④比較型　　　　　　　　……心に響いた場面を比較する型
⑤イメージマップ型　　　……言葉のイメージを広げていく型
⑥過去未来型　　　　　　……過去と未来の時間軸を意識した型
⑦吸い上げ型　　　　　　……要素を吸い上げて考える型
⑧壁乗り越え型　　　　　……両者の間にある壁から考える型
その他①ネームプレート活用型……立場を表明して議論する型
その他②挿絵構造的活用型　……挿絵を有効活用する型
その他③思考深掘り型　　……思考をどんどん深掘りする型

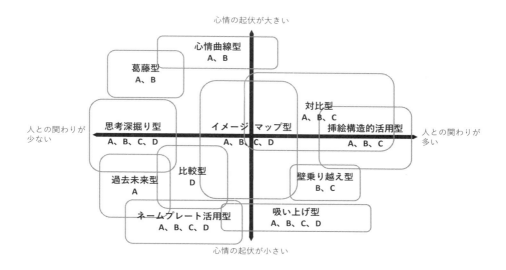

　これまでの経験をもとに，左ページの板書の型の分布を示してみました。
　図の横軸は，人との関わりが多いか少ないかを示しています。教材によっては，内容項目Ａ（主として自分自身に関すること）でも，人との関わりが多い教材もあります。そのような教材は図の右側に位置するというように見てください。図の縦軸は，主人公の心情の起伏が大きいか小さいかを示しています。例えば，主人公の心情の起伏が大きくて，人との関わりが少ないものは「心情曲線型」を使える。人との関わりが多くて，心情の起伏が小さいものは「吸い上げ型」が使えるというように見ていただけたらと思います。
　ただし，ここで示しているのは，あくまでも参考程度になりますので，板書の型を選ぶ際の目安として考えつつも，最終的にどの板書の型を使うかはご自身で判断していただけたら幸いです。

ポイント
・教材の中身や内容項目によって，板書の型を使い分ける
・板書の型の分布図はどれを使うか迷ったときの目安として考える

2章　8つの型でつくる道徳板書　47

02 板書の8つの型診断ツール

型を知ったら，いよいよどの板書の型を使うか考えるところになります。実は「板書の型」は学習活動や授業展開と密接に関連しています。どの型にすればいいのかを楽しみながら考えてみてください。

■ どの型を使いますか？

　拙著『おもしろすぎて授業したくなる道徳図解』（明治図書出版）でも，この板書の8つの型を紹介しました。そこで，「この板書の型面白いですね！使います！」という声をいただきました。この「面白そうだから使う」という動機はとても素晴らしいことです。使ってこそ身に付くので，どんどん使って欲しいと思います。

　ただ，その一方でせっかく使うのなら，効果を最大限にして使って欲しいという思いもあります。そこで，右ページに「おすすめ板書診断ツール」を掲載してみました。

　質問はたったの4つです。最初の質問は「簡単な板書の型を使ってみたい？」です。YESなら左側，NOなら右側に進んでください。これを繰り返し，最終的にたどりついた板書が次回の授業で使うおすすめ板書となります。

　もちろん，最終的にはいろいろな板書の型が使える方が授業が面白くなると思っています。一つの板書の型を試してみたら，次の板書の型を試してみるという形で，どんどん挑戦してみてください。

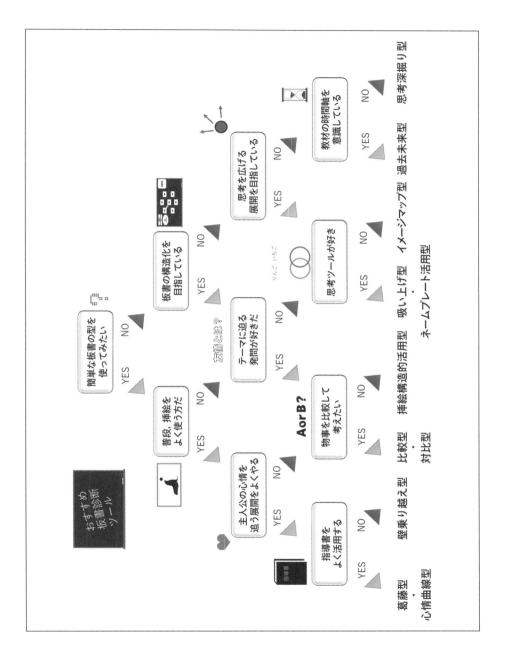

2章 8つの型でつくる道徳板書 49

さて，前ページの診断結果はどうだったでしょうか。初任時代の私がこの
ツールを使って，診断したとしたら……全ての質問に対して YES と答えて
いたと思います。実は，診断ツールの左側の方に記載されている板書の型は
比較的容易に取り組むことができるものだと考えています。なぜなら，指導
書に載っているものを少しアレンジしたらできるからです。

　逆に，右に進むほど，難易度が高くなるかもしれません。例えば，「過去
未来型」は黒板全体をダイナミックに使う板書の型ですし，「思考深掘り型」
や「イメージマップ型」などは，どこを掘り下げたり，どこを広げたりする
か悩ましいものです。しかし，このようなタイプの板書にもぜひ挑戦してみ
てほしいと思っています。最初は難しく感じるかもしれませんが，慣れてく
ると，コツを掴むことができます。そして，ここで掴んだコツは他教科の板
書をするときにも生かすことができます。

　思考と思考を繋げて，矢印で結んでいく技術。黒板に出てきた意見を見比
べて，共通項を探し出す技術。子どもたちの意見から，どの意見を深めてい
けば，楽しい話し合いになるかを見極める技術。これらの技術は，どの教科
に対しても共通のものだからです。

■ 型はあくまでも「型」であるということ

　「型」を押しつけるのはよくないという言葉を聞くこともありますが，私
は「型」にこだわっています。なぜなら，物事の上達には「型」は必要だと
考えるからです。
　実は私は空手をやっていた時期がありました。空手では「型」が重視され
ます。これは「守破離」という考えに基づいています。最初は型を知り，守
るという「守」の段階。次に型を知った上で，少し型を破るという「破」の
段階。そして，型を破るくらいの実力がついてきたら，今度は一旦，型から

50

離れるという「離」の段階。上達には，このような一連の流れがあります。

　ところで，「型破り」という言葉を聞いたことがあるでしょうか。これは，型を大事にしていないようにも思えますが，実はその逆です。型を大事に学んできたからこそ，型を破れるようになるという意味合いがこめられています。最初から，型を学ばずにやることは「形なし」と言います。「形なし」は上達のスピードが遅くなってしまいます。板書に対して苦手意識をもっている方は，まずは，「型を真似する」ことから始めてみましょう。

　私はどうしているかというと，この板書の型を使って授業をすることもあれば，組み合わせて使っているときもあります。例えば，黒板の左側で，場面を対比させた後，右側ではマインドマップで考えを広げていくというパターン。ネームプレートで立場表明をした後，思考深掘り型でテーマについての考えを深めていくパターン。これらは一例にしか過ぎませんが，組み合わせの可能性は無限大です。

　この後のページでは，実際の板書の写真を使って「板書の型」をわかりやすく解説しています。ですが，ページをめくっていると，「あれ？　型で示されているものと少し違うぞ」と感じることが出てくるかもしれません。それは私が教材や学習活動に応じて少しアレンジをしているからです。
　「型」はあくまでも板書をするのに慣れるまでの補助のようなものです。もし，本書を手に取ってくださった方が，自分で「こんな感じで板書したい」と思うようになってきたら，一旦「板書の型」のことは忘れても大丈夫です。自分なりの板書のオリジナルな「形」を探ってみてください。

ポイント
・板書の仕方に迷ったら，まずは「型」を真似するところから始めてみる
・「型」は慣れてきたら，忘れて大丈夫。自分なりに生み出してみよう！

2章　8つの型でつくる道徳板書　51

03 心情曲線型

指導書の板書が黒板の上の方にポンポンと並列的に挿絵を貼って、場面ごとに発問をして……という構造になっているときがあります。このままだと何だか物足りない板書になってしまいそうです。そこで心情曲線型の登場です。

■ 心情曲線型とは

　心情曲線型の板書は，登場人物の心情がプラスのときには，挿絵を黒板の上の方に貼り，マイナスのときには下の方に貼って，登場人物の心情の移り変わりを視覚的にわかりやすく示した板書となります。
　右ページの図の場合，最初の場面では登場人物の心情は少しプラスの状態。次の場面では，道徳的にマイナスの行為をしてしまい，心情がマイナスになった状態。最後の場面では，マイナスの行為をしてしまった登場人物がプラスの行為をして晴れ晴れとする。このようなストーリーが見えてきます。

■ 心情曲線型が生きる教材

　教材の中で，登場人物の心情が大きく動く場合には，心情曲線型が適しています。内容項目で考えると，A「主として自分自身に関すること」やB「主として人との関わりに関すること」の教材が主人公の心情が動くことが多いので，適していると言えるでしょう。

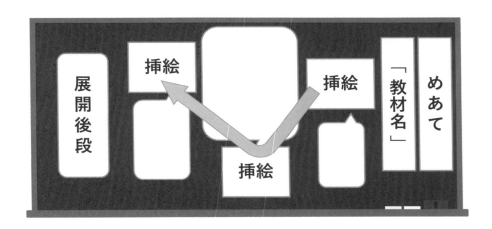

■ 挿絵の位置の工夫だけで大きく変わる

　挿絵を貼る位置が変わるだけで，子どもたちの意識は大きく変わります。視覚的にプラスの気持ちかマイナスの気持ちかを見分けることができる板書となるので，話し合いの土台が整った状態で話し合いをスタートさせることができます。
　慣れてきたら，挿絵を貼る位置について子どもたちにも尋ねてみましょう。「もう少し上！」や「もっと下！」と答えることでしょう。そこで，「なぜそう思うの？」と聞くことで，より深い思考に繋げていくことができます。

■ 心情を追うだけでは物足りない

　心情曲線型は，登場人物の心情を追うための板書の型ですが，心情を追って授業を終えるだけでは，少々物足りない授業になってしまいます。「どこで登場人物の心情が変わったか」「なぜ変わったのか」といった問いかけを通じて，授業をより深化させ，考えさせたいテーマに迫っていけるようにします。

教材名 「あいさつがきらいな王さま」（日本文教出版・2年生）

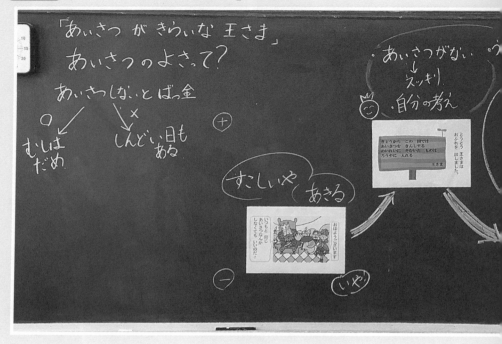

板書のポイント

①挿絵の位置をみんなで決める

　お話を一通り読み終えた後に，挿絵を貼っていきます。子どもたちにどの位置に貼るのが適切かを聞きながら貼っていくことで，あらすじを確認するという効果もあります。

②挿絵を追加する

　場合によっては，挿絵を追加してその場面における心情を問うということも有効になってきます。上の写真だと，「あいさつ禁止」の立札を立てたところの挿絵を追加しました。これにより，「あいさつを禁止した」という自分の欲求が満たされたときのプラスと，最後の場面で国民みんながあいさつをするようになったときのプラスを比較することができます。

内容項目　礼儀

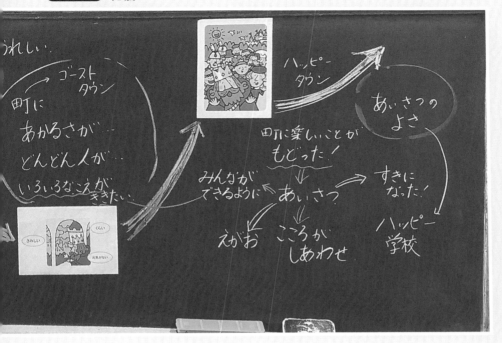

授業の流れ

①王様の心情を確認し，挿絵を貼っていく

　「この場面の王様の心情はプラス？　マイナス？」と投げかけ，挿絵の位置を上下に動かしながら貼っていきます。

②あいさつのよさについて投げかける

　それぞれの場面についての心情が確認できた後，あいさつのよさについて板書を進めていきます。

③「あいさつ」が続いたらどうなるかを問う

　「あいさつ」ができている状態が続いた場合どうなるかを問いました。「あいさつがある町＝ハッピータウン」という発想から，「あいさつがある学校＝ハッピー学校」だから続けた方がよいという考えが生まれていました。

教材名 「言葉のおくり物」（日本文教出版・6年生）

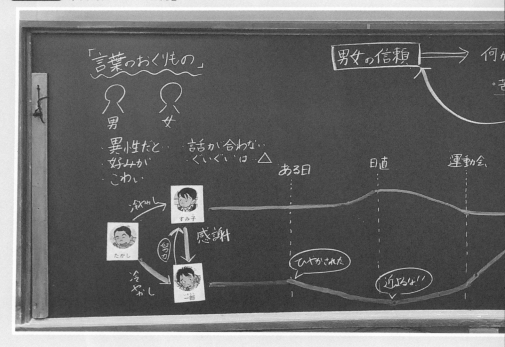

■ 板書のポイント

①登場人物の関係性を整理する

登場人物が複数人いる際には，関係性を整理しておく必要があります。挿絵を使いながら関係性の整理をしていきました。

②心が通じ合うまでのストーリーを視覚化する

今回のテーマは「男女の信頼」でした。「男女の」となっている以上，どちらか一方からの歩み寄りではなく，お互いの歩み寄りが必要ではないでしょうか。そこで，すみ子の心情曲線と，一郎の心情曲線を書いてどのように変化していったかを視覚化しました。こうやって確認してみると，「すみ子は一貫して歩み寄ろうとしている」「一郎は運動会をきっかけとして歩み寄ろうとしている」ということが浮かび上がってきます。

内容項目 友情，信頼

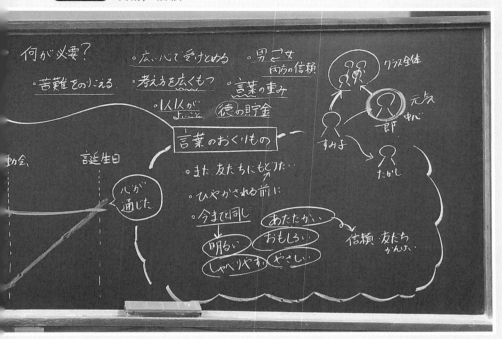

■ 授業の流れ

①登場人物の心情の移り変わりを確認する
　2人の登場人物の心情の移り変わりに焦点を当てて確認していきました。「心が通じた場面」に辿り着くまでのストーリーの確認も大切です。

②「言葉のおくり物」について
　この教材の題名にもなっている「言葉のおくり物」にこめられた意味についての話し合いをしました。

③「男女の信頼」には何が必要かを話し合う
　「男女の信頼」には何が必要かを問いました。特に「徳の貯金」という言葉が印象的で，これは心情の変化を時間軸で捉えたからこそ出てきた考えではないでしょうか。

04 葛藤型

心情曲線型は，心情の移り変わりが大きいときに有効な板書の型でした。今回紹介する葛藤型は，葛藤に焦点を当てた板書の型となります。心情曲線型と葛藤型が使いこなせるようになると，板書がより楽しくなってきます。

■ 葛藤型とは

　教材の中には，心情が変化していくよりも，一つの場面の葛藤に焦点を当てて描いているものがあります。そのような場合，葛藤型の出番となります。葛藤の中身に着目をして，話し合いを進めていきます。その際，「なぜ葛藤を乗り越えられたか」や「なぜ乗り越えられなかったか」にも着目することで，テーマに対しての考えを深めることができます。
　葛藤を考えることは，人間の弱い部分を考えることとなり，「人間理解」に繋がっていきます。

■ 葛藤型が生きる教材

　主人公の葛藤が描かれている教材では，この葛藤型が有効に働いてきます。葛藤をするのは，教材でいうところの「自分」になりますので，内容項目としてはＡ「主として自分自身に関すること」やＢ「主として人との関わりに関すること」の教材が特に相性がよいと言えるでしょう。

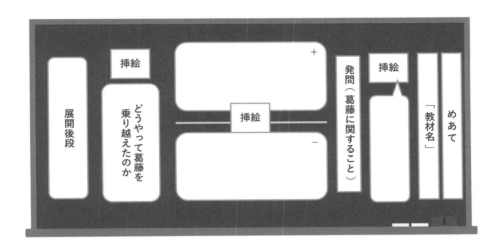

■ 葛藤を上下に書き分ける

　葛藤場面を黒板の中心に配置し，その場面における葛藤を黒板の上下に書き分けて対比します。主人公のポジティブな感情は黒板の上部に，ネガティブな感情は，黒板の下部に書いていきます。葛藤をしている場面の挿絵を黒板中央に貼り，子どもたちが具体的にイメージを膨らませやすくしておくとよいでしょう。また，プラスの方にエンジェル，マイナスの方にデビルを書き足すと子どもたちはよりイメージしやすくなります。

■ 「どうやって乗り越えたか」に着目する

　葛藤型で授業をするときのポイントは，葛藤の中身を話し合うことだけに終始するのではなく「なぜ葛藤が生まれたのか」「どのようにしたら葛藤を乗り越えることができたのか（または乗り越えることができなかったのか）」にも焦点を当てて話し合いを進めることです。これらの手順を踏むことで，テーマに対してより深い思考ができることになるでしょう。

2章　8つの型でつくる道徳板書　59

教材名 「ちこく」（日本文教出版・4年生）

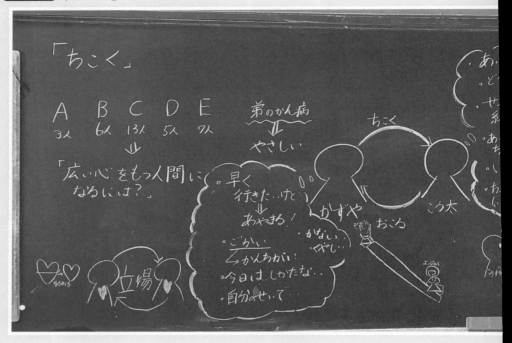

■ 板書のポイント

①上下の葛藤を書き分ける

　葛藤の内容を上下に書き分けて示していきます。その際に，エンジェルとデビルの絵を付け足しました。「頭の中にエンジェルとデビルがいる」ということを思い浮かべると，4年生なりに葛藤をイメージできたようです。

②矢印で思考の流れを繋いでいく

　矢印で思考の流れを繋ぎながら進めています。①「かずやとこう太それぞれの立場から考えている」という矢印，②こう太の立場から生じる「ゆるす」「ゆるせない」という葛藤の矢印，③「ゆるせない」という気持ちがありながらも「広い心をもつ」ために考える矢印，といった具合です。他にも，意見と意見を結ぶための矢印を使いながら板書を整理していきました。

内容項目 相互理解，寛容

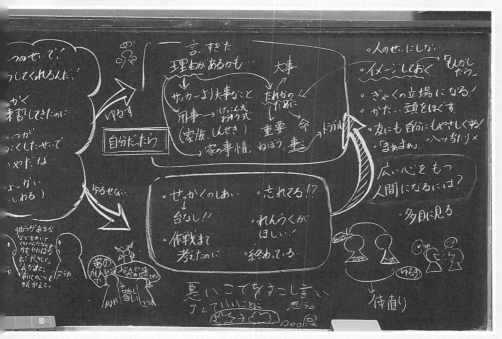

■ 授業の流れ

①かずやとこう太それぞれの思いを引き出す

　相互理解，寛容がテーマとなるため，それぞれの立場でどのように考えていたかということを問い，板書していきます。

②葛藤の中身（自分だったらどうするか）を考える

　主人公の「ゆるす」という立場と「ゆるせない」という立場の両面から，葛藤の中身について考えていきます。

③テーマに対しての考えを出し合う

　「許したいけど，許せない」という子の意見も受け入れつつ，「広い心をもつ人間になるには」というテーマで話し合いを進めていきました。「相手の立場に立って考える」ということを図で示して描いてくれた子もいました。

教材名 「さち子のえがお」（日本文教出版・4年生）

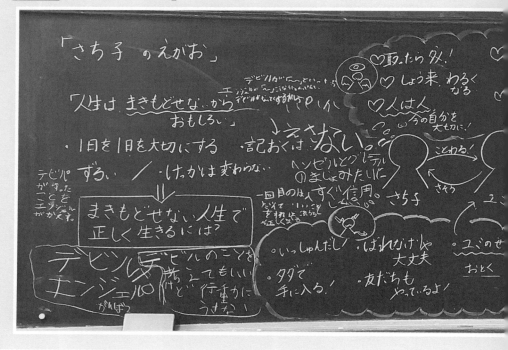

■ 板書のポイント

①葛藤場面に対して十分なスペースを確保する

　葛藤のある教材は，葛藤部分をしっかりと板書できるように充分なスペースを意識して確保します。エンジェル役とデビル役に分かれて役割演技を行い，そこで出てきた意見を板書するという方法も取れます。

②余白を十分に残しながら板書を進める

　さて，写真を見ると何が書いてあるかわかりにくい板書になっていますね。これは，子どもたちが授業の終盤で自分の思いや考えを黒板に書き足しにきたからです。余白があったからこそ，子どもたちはたくさん書くことができました。ただし，黒板に書き足す際には「キーワード」や「図で描く」を意識して短くさせる方がよいでしょう。

内容項目 善悪の判断，自律，自由と責任

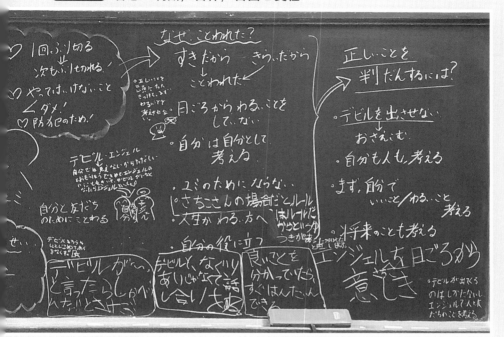

■ 授業の流れ

①葛藤の中身を確認し，上下に書き分ける

今回も前回同様，葛藤の中身を心の中に棲むエンジェルとデビルを用いながら書き分けていきました。書くときには，上→下→上→下と意見を交互に聞きながら書き進めていき，「葛藤状態」の臨場感を楽しみました。

②「なぜ断れたか」を考える

「なぜ断れたか」を考えるのが葛藤型のポイントとなります。ここを丁寧に考えることで生活に返していくことができます。

③「正しいことを判断するには」について考える

話し合いを進めた後，黒板を開放してみました。年度初めの授業だったこともあり，子どもが書きにきた文章は読みにくいものも見受けられました。

2章　8つの型でつくる道徳板書　63

05 対比型

実は，道徳の教材では「対比」させる要素がたくさんあります。登場人物同士の対比，主人公の道徳的行為の前後の対比，モラルジレンマによる内容項目同士の対比……など。対比をすることで大切なことが見えてきますよ。

対比型とは

　道徳の授業においては，「対比」することが有効に働くことがたくさんあります。そのようなときは対比型を使っていきます。人と人，場面と場面など，対比させたいものを上下や左右に配置し，それぞれの立場や場面についての考えを板書していきます。
　対比する際には「共通点」や「差異」に着目して，テーマに迫って話し合いができるようにしていきたいものです。

対比型が生きる教材

　対比型が生きる教材は，「登場人物の立場が異なる教材」や「主人公の道徳的行為行動の前後で変化が見える教材」がおすすめです。
　また，「似ているけれど少し違う」ということが描かれている教材でもおすすめです。例えば，「親切と本当の親切」や「いじりといじめ」などは対比することで，違いが明らかになっていくことでしょう。

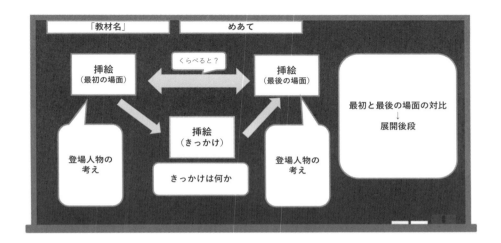

■ それぞれの立場や特徴を明確にしていく

　例えば「りんごといちごを対比してください」と急に言われても，何から比べたらいいのか見当がつきませんよね。そこで，それぞれの特徴は何かということから聞いたら，比べることが明確になっていきます。りんごは丸い，赤い，甘い，果物である。いちごは，小さい，赤い，甘い，果物である。ここまで言われると，共通点や差異が自然とわかってきますよね。

■ 対比からの「気づき」を大切にする

　さて，上の例で言うとそれぞれの特徴を列挙しただけでは対比したことになりません。そこで共通点や差異について聞いていくわけです。すると，りんごは丸い，いちごは小さいことが特徴として出てきます。この差異の部分を大切にすると，本質が見えてきます。また，主人公が道徳的行為の前後で変化したことを対比する場合などでは，図のように「変容したきっかけ」を探るようにしてみてください。

教材名 「住みよいマンション」（日本文教出版・5年生）

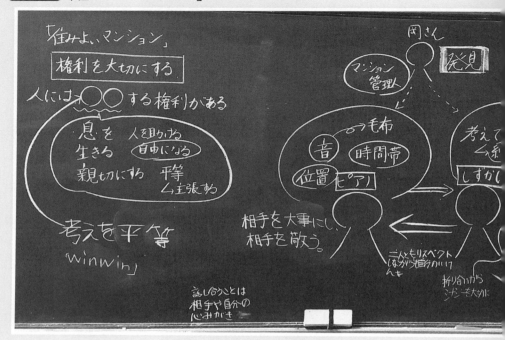

■ 板書のポイント

①それぞれの立場，考えを明確にする

　マンションの中で，ピアノを弾きたい側の主張，静かに過ごしたい側の主張について，考えを明確にしていきます。異なる立場に立つ複数の登場人物が出てくる場合には，各々の主張を明確化していくことで話し合いがスムーズになります。

②対比して見えてきたことを板書する

　今回の場合，「立場が違う」という視点で対比をしているため，差異や共通点を探すというより，異なる立場に基づく「できることは何か」や「何を大切にして過ごせばよいか」について考えを膨らませていくこととなります。マンションの管理人の岡さんの立場からの考えも付け足していきます。

内容項目 規則の尊重

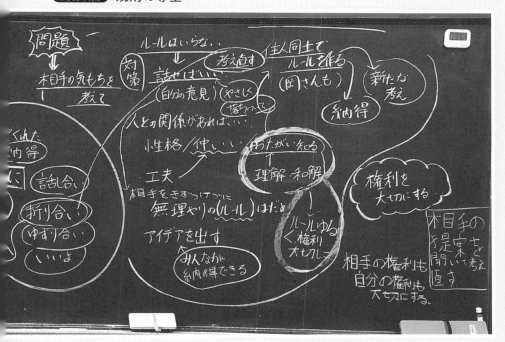

授業の流れ

①「〇〇する権利」について確認する

　対比して考えるための出発点として,「〇〇する権利」について思いつくままに意見を出し合ってもらいました。

②各々の立場を明確化する

　それぞれの立場を明確化した上で,相手のためにできることは何かというところまで考えを深めていきます。

③対比からの気づきを板書する

　それぞれの立場,主張が違うということが見えてきたところからが話し合いの本番となります。それぞれの権利を大切にするためにはどうしたらよいのか,子どもたちは様々な視点から考えていました。

教材名 「いじりといじめ」（日本文教出版・4年生）

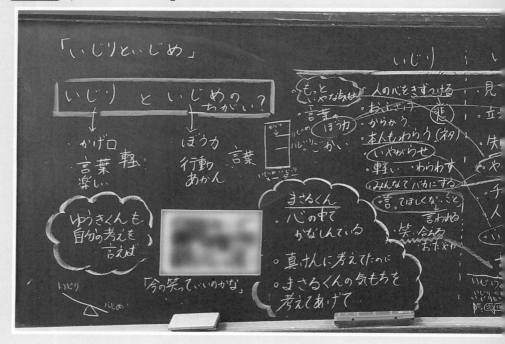

■ 板書のポイント

①教材の場面について考える

　今回の授業では「いじり」と「いじめ」について対比して，共通点や差異を考えるところがメインとなります。ただし，これはやや抽象度が高い概念を聞くことになるので，教材の具体的な場面に焦点を当て，どのように考えたかを発問して，黒板に残しておくことを意識しました。

②「いじり」と「いじめ」の違いを対比する

　今回は，「いじり」と「いじめ」の言葉について対比を進めていきます。まずはそれぞれの言葉についてイメージしたことを板書していきます。対比する際には，同じ言葉を線で結ぶようにしました。これにより，「いじり」と「いじめ」には共通点がたくさんあることが視覚的にわかっていきました。

内容項目 公正，公平，社会正義

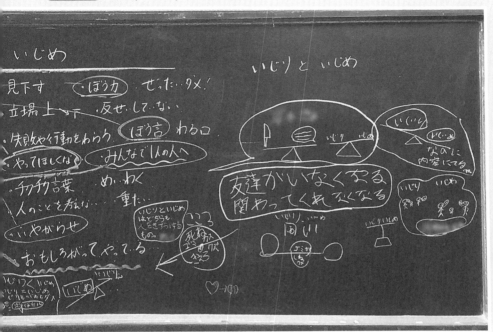

■ 授業の流れ

①動画を視聴し，「いじり」と「いじめ」のイメージを板書する

　「いじり」芸のお笑い動画を視聴し，児童にいじりについてのイメージをもたせた上で，いじりといじめのイメージについての板書を進めました。

②教材の場面について考えを膨らませる

　「今の，笑っていいのかな」という教材の中の特徴的なセリフの意味について話し合いをして，「いじり」について考えていきます。

③「いじり」と「いじめ」を対比する

　「いじり」と「いじめ」の特徴を挙げていきます。その上で対比をしていくと，存外この二つには差異がないことに気づいていきます。これを踏まえた上で「日常生活ではどうするか」というところに目を向けていきます。

2章　8つの型でつくる道徳板書　69

06 比較型

「対比」とは1対1で比べることをいいます。今回紹介したい板書の型は複数のものを比べる「比較型」となります。比較をすることで，自分が大切にしたいことは何かということが徐々に明らかになっていくことでしょう。

■ 比較型とは

　比較型は，教材を通して「一番心が動いたところ」を問うときに適している板書となります。
　道徳の授業で本当に考えさせたいのは，場面ごとの主人公の気持ちや考え方ではありません。教材を通して，登場人物の生き方や考え方に触れさせて，そこから自分の考えを広げさせていきたいのです。「心が動いたところ」を問うと，場面の比較を通して，各々の意見を比較するという活動が生じます。自分と他者は違う意見をもっていると認識しやすい板書と言えるでしょう。

■ 比較型が生きる教材

　「心が動いたところ」を問える教材なら，どの教材でも使用可能ですが，内容項目Dの教材と相性がよいでしょう。「感動，畏敬の念」や「よりよく生きる喜び」などは，教材の中でプラスの場面が並列的に列挙されている教材が多いからです。

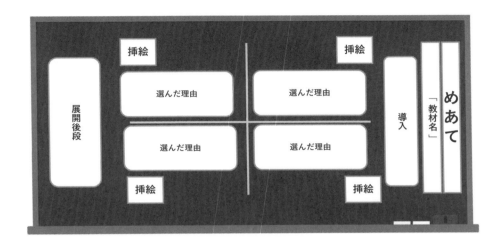

■ 比較したことが一目でわかるようにする

「どの場面が心に残ったか」と聞いた後には，ネームプレートを使って「どの場面を選んでいるか」が一目でわかるようにするとよいでしょう。または，ICTを活用して誰がどの意見を選んだかということが可視化されていてもよいかもしれません。いずれにせよ，立場を明確にしておくことで，議論が深まりやすくなります。交流の際には，「同じ立場の人同士」で交流した後に，「違う立場を選んだ人」と交流をして，最後に全体で交流するという流れをつくることができます。

■ 比較だけで終わらないようにする

これまでの板書の型と同様に比較しただけで授業が終わらないようには注意しておきたいです。比較した上で気づいた「共通点」を言語化していくと，テーマに迫ることができます。できれば，自分の生活経験と結びつけていき，図の展開後段のところに板書することができればよいでしょう。

教材名 「タヒチからの友だち」（日本文教出版・2年生）

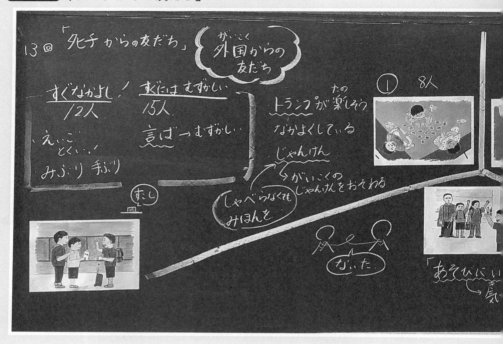

📕 板書のポイント

①場面の挿絵を用意する

　2年生の授業であるということを考慮して，各場面の挿絵を貼ってイメージしやすいようにしました。教材の話を聞いた上で自分の経験を思い出している子もいれば，挿絵から連想して考えている子もいるからです。

②意見を繋げて板書をする

　②を選んだ子が「写真を持ってきてくれたことが嬉しい」と言いました。それに対して③を選んだ子が，「写真だけじゃ物足りない。タヒチに行って，生活を見たい」と言いました。このような意見が出てくれば，選んだものは違っても思考の繋がりが出てきますよね。すかさず，矢印で結んでみました。その後も「遊びを見たい！」「伝統を見たい！」と意見が繋がっていきました。

内容項目　国際理解，国際親善

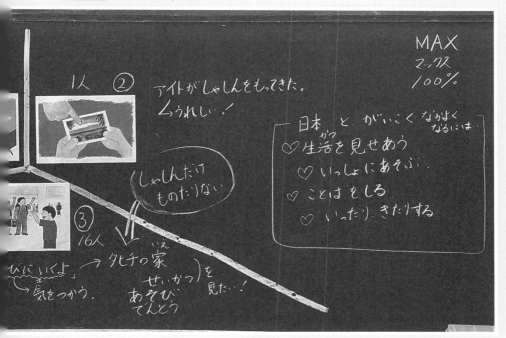

授業の流れ

①「外国から来た友達」に対して仲良くなれるかどうかを聞く

　導入では，「外国から友達が来たらすぐに仲良くなれるかどうか」と尋ね，問題意識をもたせました。結果は，黒板に示されている通りほぼ半々でした。

②どの場面で「仲良くなったか」を選ばせる

　どの場面で仲良し度合いMAXになったかを選ばせました。③が多かったのですが，①や②を選んだ子も自分なりに意見を言えていました。

③テーマに対しての考えを深掘りしていく

　「①～③を通して，最後には心が通じたから泣いた」という意見を皮切りに，「日本と外国が仲良くなるには」と投げかけ，テーマに対しての考えを深掘りしていきました。2年生なりによく考えていたと思います。

2章　8つの型でつくる道徳板書　73

教材名 「のび太に学ぼう」（日本文教出版・5年生）

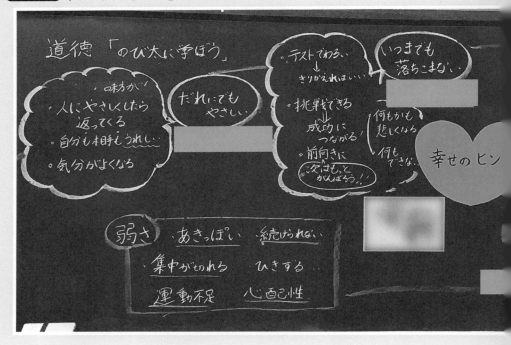

■ 板書のポイント

①自分事と捉えるために，あえて「弱さ」を板書する

この教材では，「のび太には短所があるが，素敵な考え方をもって生きている」ということが示されています。そこで，まずは自分の「弱さ」に目を向けて，それを板書として残していきました。

②なぜその考えを選んだのかを板書する

比較型では，比較するだけでなく，なぜその場面を選んだのかという理由が大切です。そこで，理由について尋ね，深掘りをしていきます。コロナ休校明けに行った授業だったのですが，印象的だったのが，「前を向いて生きる」を選んだ子でした。「下を向いていたら暗くなる」「心に光が当たらない」という言葉は，当時の境遇と重ね合わせて発言していたように感じました。

内容項目 よりよく生きる喜び

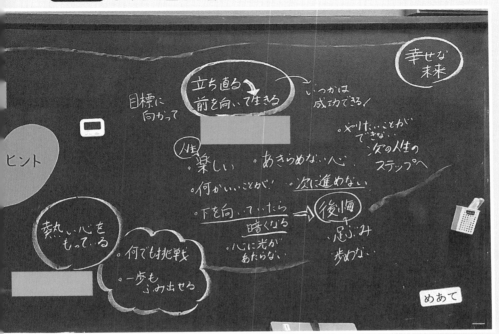

■ 授業の流れ

①自分の「弱さ」に目を向ける

　人には長所と短所があります。短所があっても幸せな未来へ向かっていけるという流れをつかむために，まずは自分の弱さに目を向けました。

②どの考え方に賛同するかネームプレートで立場表明

　のび太の生き様の中から「幸せのヒント」を探っていきました。一番共感したところにネームプレートを貼り，立場を表明します。

③ゆるやかに繋げていく

　それぞれの考え方が「幸せのヒント」になっているため，今回は特に共通点を探ることはしませんでした。各考えが「幸せな未来」につながっているということで，川の流れのようにゆるやかに繋がっている様子を示しました。

07 イメージマップ型

道徳の授業では，思考を「広げていく」ものと，「深めていく」ものがあります。今回紹介するイメージマップ型は，思考を広げていく際に使いやすいものと言えるでしょう。どの教材でも使える万能的な板書でもあります。

■ イメージマップ型とは

　子どもたちの考えをどんどん広げていきたいときに使うのがこのイメージマップ型の板書となります。この板書は，教材全体を通して示されているテーマについて考えを広げていくときに使いやすい型です。イメージマップ型の板書をしているときは，意見が出れば出るほど，板書は広がりを見せることになるので，子どもたちも楽しく発言することができます。
　最終的には，単にイメージを広げて終わるのではなく，共通の事項や気づいたことについて話し合い，自分事へと繋げていきたいものです。

■ イメージマップ型が生きる教材

　これまでの葛藤型や心情曲線型は，登場人物の心情の揺れが大きいもので使うことをおすすめしてきました。対照的に，イメージマップ型は心情の揺れが少ないもので使うとよいでしょう。例えば，C「伝統と文化の尊重」では，「伝統」に対するイメージを広げるという形で活用できます。

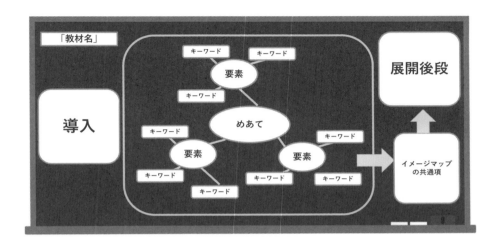

■ 黒板中央からどんどん書き進めていく

　黒板中央に，この時間で考えるめあてを書きます。次に，そのめあてに対する「要素」を列挙していきます。そして，キーワードを繋ぎながら板書を進めていく手順になります。「思考を広げていく」ということを目的としていますので，相互指名を使って積極的に意見を言ってもらい，教師は，その間ひたすら板書を進めていくとよいでしょう。

■ 共通項を探し出す

　黒板上に，「要素」や「キーワード」が充分に集まり，思考が広がってきたら，次は思考を「深める」時間となります。出てきた意見の中で似ているところや関連しているところに矢印を用いて繋いでいきます。そして，共通項を探していき，めあてに迫る発問をして，児童に深い思考を促していきます。そこから，自分の生活に結びつくようなことを尋ねることを展開後段として，黒板右上に書いていきます。

2章　8つの型でつくる道徳板書　77

教材名「浮世絵 —海をわたったジャパン・ブルー—」(日本文教出版・4年生)

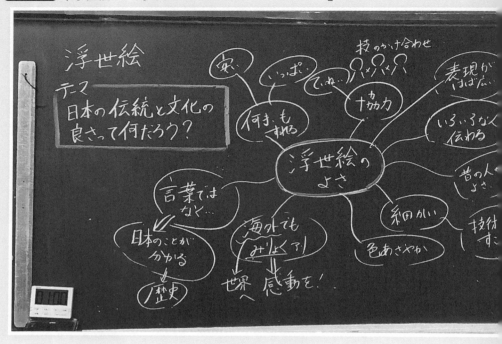

■ 板書のポイント

①教材と実生活から考える

　教材からは「浮世絵のよさ」，教材から少し離れたところからは「日本の伝統工芸品のよさ」についての考えを広げていきました。一つの考えから，どんどん考えが繋がっていくときにはワクワクします。

②共通項として「日本の伝統と文化のよさ」について考える

　「浮世絵のよさ」についてイメージを広げていきました。ここから日本の伝統と文化のよさについて考えてもよいのですが，このままだと，「浮世絵のよさ」しか考えていないため，思考が限定的になるのではないかと考えました。そこで，社会科でも学習した「伝統工芸品のよさ」を再考し，共通点として日本の伝統と文化のよさについて考えるという流れにしてみました。

内容項目 伝統と文化の尊重，国や郷土を愛する態度

■ 授業の流れ

①浮世絵のよさについて考える

　教材を読んだ上で，日本の伝統文化の一つである「浮世絵のよさ」について考えを広げていきます。矢印を使ってどんどん考えを繋げました。

②日本の伝統工芸品のよさについて考える

　「日本の伝統工芸品のよさ」について考えました。宮大工などの技術が昔から今へと受け継がれているよさを感じている子がいました。

③日本の伝統と文化のよさについて考える

　今回の学習では，社会科で学習したことも思い浮かべながら考えており，「宇治茶は手作業でやっている。機械だと再現できない」などの意見が出ていました。教科を横断しながら考えられるのも道徳のいいところですね。

2章　8つの型でつくる道徳板書　79

教材名 「美しい夢 ―ゆめぴりか―」（日本文教出版・5年生）

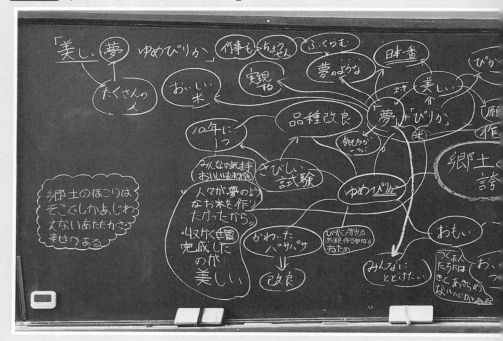

■ 板書のポイント

①とにかく考えを出し切る

　イメージマップ型で板書する際には，とにかく「意見を出し切る」という意気込みで挑んでいます。出てきた意見はテンポよく板書をするためにある程度板書に集中します。相互指名で意見を繋ぐ進め方が効果的です。

②「広げる」の後には「深める」を意識する

　ある程度，意見を出し切ることができたら，それを深める段階になります。黒板右側の部分では，深めるために，「抹茶は京都の伝統であり，美味しいのだけど，先生はコーヒーの方が好きだから，なくなってもいいんじゃないかなと思って……」とつぶやきました。すると，周りに書いてある意見が出てきました。ときには天邪鬼になって尋ねてみるのも有効でしょう。

内容項目 伝統と文化の尊重，国や郷土を愛する態度

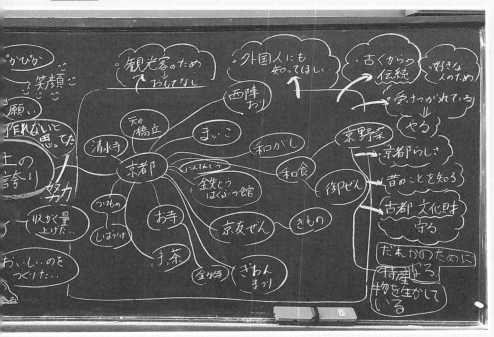

■ 授業の流れ

①「ゆめぴりか」にこめられた願いを考える

　教材「美しい夢　―ゆめぴりか―」は北海道で開発されたお米の話です。教材を通して「郷土の誇り」についての考えを広げていきました。

②京都の伝統文化について考えを広げる

　私は京都の小学校で教えています。ということで，京都の伝統文化にも焦点を当て，みんなで考えを広げていきました。

③伝統文化にこめられた願いを考える

　黒板右側の枠の外側に，「伝統文化にこめられた願い」を板書しました。これらの「願い」を確認した後，出てきた言葉が黒板左側の「郷土の誇りはそこでしか味わえないあたたかさ，幸せがある」というものでした。

2章　8つの型でつくる道徳板書　81

08 過去未来型

黒板全体を使って教材を捉えて、黒板全体で子どもたちの考えたことを表現できたら……こんなに楽しいことはないでしょう。と、こんな思いで開発したのが「過去未来型」の板書でした。

■ 過去未来型とは

　過去未来型では、黒板全体を活用し、過去から未来への移り変わりを示しながら板書を進めます。この板書は特に「偉人教材」で活用することがおすすめです。偉人の人生を扱う教材は、場面ごとに「この場面は〜」と考えるよりも、偉人の人生全体から学びを深めていく方が、より効果的です。
　「人生」という長いスパンで見たときに、順風満帆で何も波風立たない人生はないと思います。人生は「山あり谷あり」が常なので、その「山あり谷あり」の部分を黒板全体を使って表現し、子どもたちと一緒に悩みながら板書を進めることを意識していけたらと思います。

■ 過去未来型が生きる教材

　上で示した通り、場面ごとに「ここでの心情は？」などと考えるのではなく、偉人教材など、その人物の「人生」という長いストーリーで考えるときに適した板書の型となります。

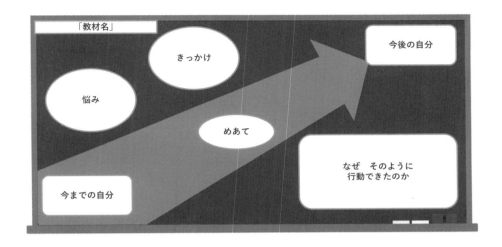

■ 黒板全体を使って「描く」イメージで板書する

　偉人は偉業を達成したから，「偉人」と呼ばれるわけですが，その人生は一筋縄ではいかないものがほとんどだと思います。そこで，教材で描かれている「悩み」の部分や，行動が変容する「きっかけ」を板書として残していきます。そして，その偉業を達成できた根底にはどのような考えがあったかを探っていきます。これらを黒板全体を使って板書を進めることでダイナミックに関連づけていきます。

■ なぜそのように行動できたかという根底を探る

　道徳の教材で，道徳的行為が描かれる際には，「なぜそのように行動できたのか」と問うことがあると思います。偉人の教材においては，その行動の背景には「どのように生きてきたか」という要素も関係しているかもしれません。そこで，黒板全体に描かれたストーリーも参考にしながら考えていくということが重要になります。

教材名 「マンガ家　手塚治虫」（日本文教出版・5年生）

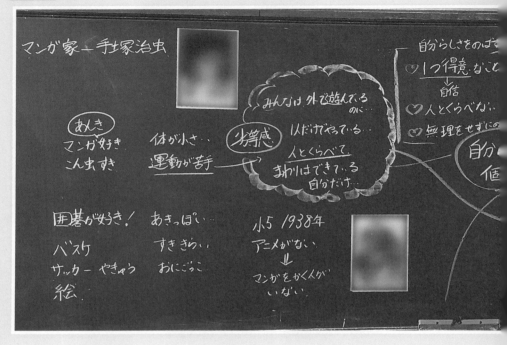

板書のポイント

①黒板全体で偉人の人生を描く

　偉人の人生を黒板全体で描いていきます。黒板の左側は，手塚治虫が幼少期に抱いていた劣等感の話から始まり，右上の「世界中に愛されるマンガ」になるまでのストーリーを描いています。「40年間で15万ページ，マンガを描いた」という情報は教科書には載っていない情報となります。時には情報を補足しながら，偉人の人生をより理解しやすくしていきます。

②自分らしさを伸ばせた根底を探る

　手塚治虫は「母の支え」や「乾先生の言葉」があったから，自分らしさを伸ばせました。それだけではなく「どんな考えをもてたら，自分らしさを伸ばせたか」という側面にも焦点を当て，板書を進めていくこととしました。

内容項目 個性の伸長

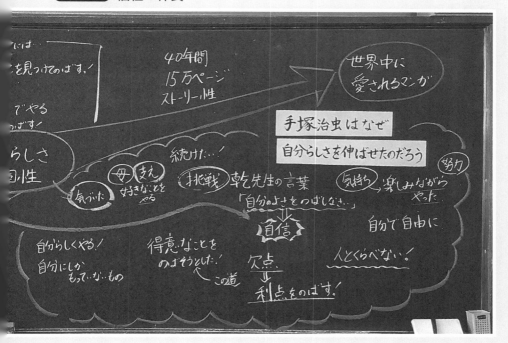

授業の流れ

①自分の個性について確認する

　自分事として考えられるための第一歩として，自分の長所や短所を考え，板書に残しておくことで，手塚治虫の劣等感と関連させて考えました。

②手塚治虫の人生を追いながら，「なぜ自分らしさを伸ばせたか」考える

　「劣等感」を抱きながらも，それに負けずに自分らしさを伸ばせた，その根底にあった考えを深掘りしていきました。

③「自分らしさを伸ばすには」についてあらためて考える

　「自分らしさ」を伸ばす方法は，人それぞれです。教材では手塚治虫の「自分らしさ」の伸ばし方を考えますが，自分事として考えたら「どのようにして個性を伸ばすか」を黒板上部に板書していきました。

09 吸い上げ型

道徳の教材では，いくつかの場面が存在し，最終的に何らかの道徳的行為行動を達成するという展開があります。今回は，これらの場面を比較するのではなく，それらを１つの要素として考える板書の型を紹介します。

■ 吸い上げ型とは

　教材には，最終的に道徳的に価値のある何かを達成したことが描かれているものがあります。そこに至るまでの「思い」や「行為」について要素を吸い上げて考えるのが，「吸い上げ型」となります。

　吸い上げ型で板書をする際には，教材を通して扱われる「テーマ」に着目してください。例えば，「努力と強い意志」なら，場面①での努力と，場面②での努力を考えることになります。

　シンキングツールのクラゲチャートを使ったことがある方はイメージがしやすいと思います。要素の吸い上げを大切にしながら板書を進めます。

■ 吸い上げ型が生きる教材

　何かしらの道徳的行為行動が達成される際には，その思いは複雑に絡み合っていることがあります。その要素をもとに考えさせたい際には，この吸い上げ型を活用するとよいでしょう。

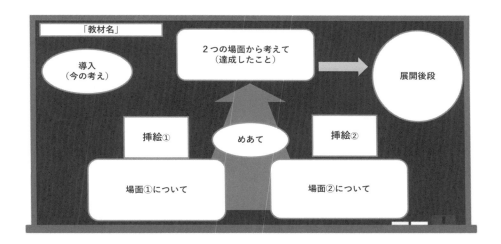

■ 吸い上げる「要素」について話し合いを進める

　場面①と場面②について考えたことを黒板の下側に板書していきます。この段階では要素として「キーワード」を記していけばよいでしょう。次に，2つの場面から達成したことを上部に板書していきます。ここで大切なのは，展開後段への接続です。教材を通して考えたことを，ただの教材の中のものとして捉えて終わるのではなく，自分事として問い，黒板に残しておくということを心がけていきましょう。

■ 要素に関する「共通項」を洗い出す

　場面①と場面②（あるいは教材①と教材②という方法もあります）から，要素を吸い上げて「達成したこと」について考えるため，2つの場面の共通項を考えるようにすると，思考を整理しやすくなります。
　今回は，場面を2つに限定していますが，クラゲチャートのように要素をたくさん出していくという展開も考えられそうです。

教材名「天から送られた手紙」（日本文教出版・5年生）

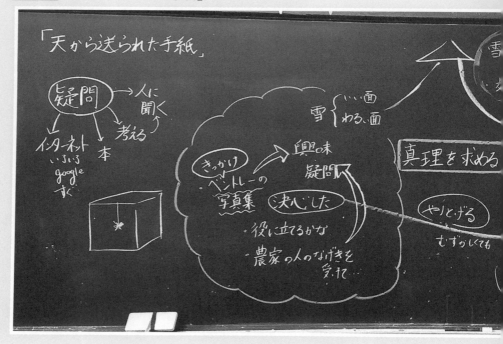

■ 板書のポイント

①「要素」となる2つの場面について話し合う

「（研究を）やめたい気持ち」よりも「可能性や好奇心が大きかったから研究を続けられた」という意見は，視覚的にもわかりやすくするために「＜」の記号を用いて板書しています。ぱっと見で理解できるように板書をしておくことで，後で子どもたちの「ふりかえり」に役立てることができます。

②吸い上げた結果をもとにめあてに迫っていく

「自分の手で真理を求めることが大切」という意見が出ていたので，「もし，この時代にGoogleがあったとしたら中谷宇吉郎は使っていただろうか？」と投げかけました。「もし」と仮定を使って聞くことで多面的に考え，黒板に出ている考えと繋げていきます。

内容項目 真理の探究

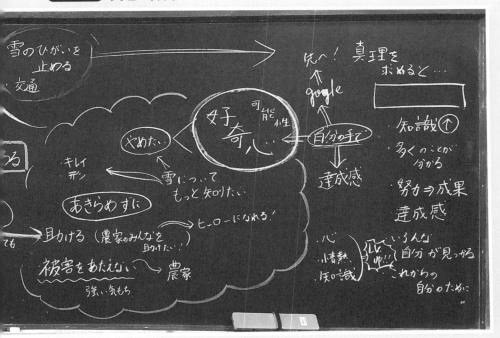

■ 授業の流れ

①それぞれの場面から考えたことを話し合う

　各場面で「なぜ真理を追い求めたか」について話し合いました。考えが繋がっているところは矢印で結んで板書しています。

②達成したことを確認し，黒板上部に板書する

　この教材では，「雪の被害を止めることができる」という意見が出ました。ここから，自分たちの生活で「真理を求めるとどうなるか」に繋げます。

③達成したことをもとに，めあてについて話し合いを進める

　「真理を求めると，どのようないいことがあるのか」について話し合いました。最初は「知識が増える」といった意見でしたが，「いろんな自分が見つかる」という自己の向上と繋げて考えている子もいました。

2章　8つの型でつくる道徳板書　89

教材名「花さき山」（日本文教出版・4年生）

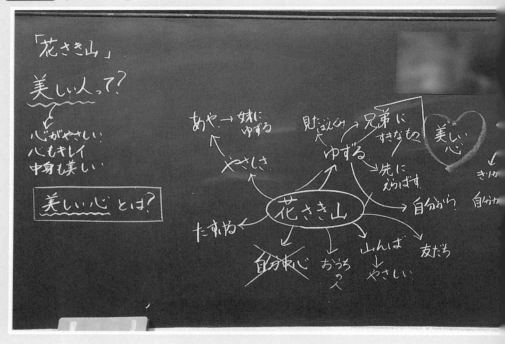

■ 板書のポイント

①花さき山を一つの要素として板書する

教材「花さき山」の中にある「美しい心」について考えていきました。「あやが妹にべべを譲ったところ」「弟にお乳を飲むのを譲った双子の兄」などから，「人に譲る」「助ける」という考えが要素として出ていました。

②サッカーのW杯をもう一つの要素として板書する

子どもたちの実態から，花さき山のみだと，「譲る」という感覚が理解されにくい（家庭環境的に，あやの「譲る」という感覚が理解しがたい），「自己犠牲」の話として捉えられる可能性があるということから，サッカーのW杯で日本人サポーターがゴミ拾いをしていた話を1つの要素として考えることとしました。ときには別の話を要素として取り入れることも有効です。

内容項目 感動，畏敬の念

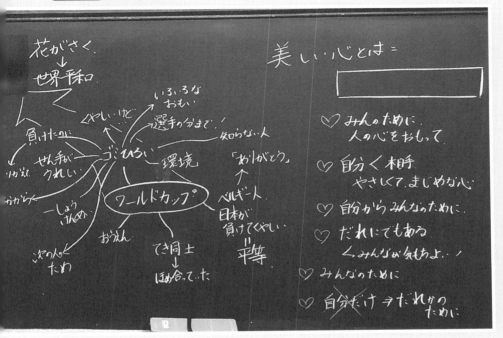

■ 授業の流れ

①「父が娘に贈った言葉」を導入として考える

「美人よりも美しい人になってください」という父が娘に贈った言葉から，「美しい人」「美しい心」について考えることを導入としました。

②花さき山，サッカーのW杯を1つの要素として吸い上げる

それぞれの話から考えられる「美しい心」について板書を進めていきました。「『花が咲く』ことは『目の前の人を大切にすることだから，世界平和に繋がる』」という意見が出ていました。

③2つの話から吸い上げて考える

「2つの話から共通する『美しい心』とは何か」と問いかけて，考えていきました。異なる話題を取り上げたことで多面的に考えられたようです。

10 壁乗り越え型

人生，必ずしも順風満帆にいくわけではないですよね。ましてや，自分と他者の関係性ともなると，うまくいかないことは多々あるはずです。そんなときは問題点を明確に可視化することができたら，解決の糸口になるかもしれません。

■ 壁乗り越え型とは

　２人の登場人物や国と国の間にある壁を想定して，その壁をどうやって乗り越えるのかを考えるのが壁乗り越え型となります。
　例えば，ＡくんとＢさんが仲良くなろうとしているときに，簡単には仲良くなれないことがあります。それは，２人の間に「見えない壁」があるからかもしれません。その壁を黒板上で可視化することができたら，子どもたちも多少はイメージがつくのではないでしょうか。

■ 壁乗り越え型が生きる教材

　二者の登場人物であるＡとＢの互いの思いや考えがすれ違っている場合，この壁乗り越え型が有効になってきます。こういう教材では，「どうすれば，すれ違いにならなかったでしょう」と発問することがあるかもしれませんが，そもそも「なぜすれ違い（壁）があるのかを考える」ことも大切にしていきたいものです。

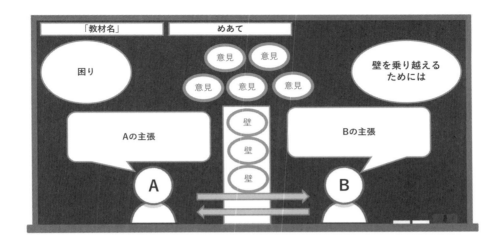

■ 壁の「中身」を考える

　黒板の中央に壁を描き，両者の壁となっている要素を書いていきます。人と人，国と国が仲良くなろうとするときには，両者の間にそれを阻む要素があるはずです。壁乗り越え型では，この要素を視覚的に捉えることで，その後の思考をスムーズに進めることができます。

■ 壁を乗り越えるために大切なことを考える

　まずは，Aの主張やBの主張に対して，自分がどのように考えるかを話し合います。両者の主張に対する話し合いが終わった後は，両者の主張を見比べながら，どうすれば，その壁を乗り越えることができるかについての話し合いを進めます。ここで多くの意見が出ると，自分事として考えやすくなるのではないでしょうか。
　最後に，あらためて「壁を乗り越えるために大切なこと」について考え，一般化をしていき，黒板の右上に残していくようにします。

2章　8つの型でつくる道徳板書　93

教材名 「ペルーは泣いている」（日本文教出版・5年生）

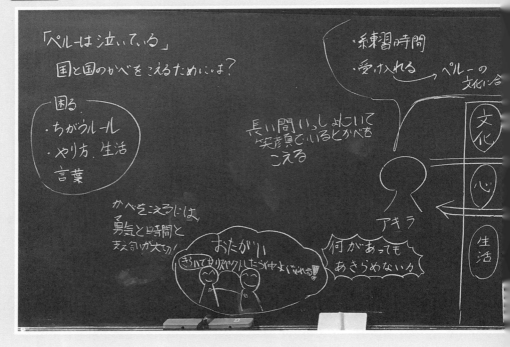

板書のポイント

①壁の中身を確認する

　日本とペルーが仲良くなるには，どのような壁があるのかということで，壁の中身を確認していきました。「文化，心，生活」が違うという意見が出ていました。これらを壁の中に板書していきます。

②どうやったら壁を乗り越えられるかを板書する

　「壁を越えるにはどうしたらいいだろうか」と発問しました。すると，ある子が「日本を塩，ペルーを砂糖だとすると，混ざらないですよね。でもそこに水（食べ物などの共通点）を入れたら混ざります」と言いました。それを聞いて，「だったら，お湯の方が混ざるよ。お湯ってのは，その国の人の愛情だよ」という意見が出ました。すかさず，絵にしながら板書しました。

内容項目 国際理解，国際親善

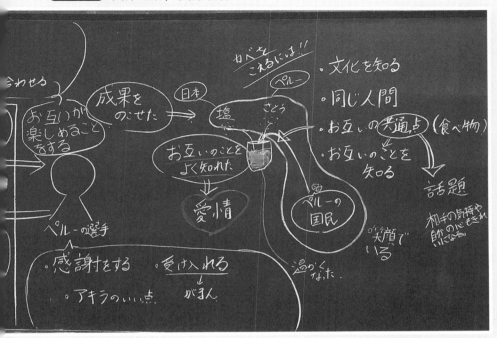

■ 授業の流れ

①壁となっている要素を確認する

　導入で「もし『明日から外国で暮らしてください』と言われたら，何が困りますか」と聞きました。ルールが違う，生活が違うなどの言葉が出ていました（黒板左）。そこから，外国と仲良くなる際の壁について考えていきました。

②それぞれの立場からの歩み寄りを確認する

　日本人監督の加藤明とペルー選手の立場から，どうやったら歩み寄れるかについて話し合いを進めていきました。

③どうやったら壁を乗り越えられるかを話し合う

　ここでは，一般化しながら聞いていきました。「塩と砂糖」の話が出てきたのは，理科で水溶液の学習をしていたからでした。繋がりが面白いですね。

2章　8つの型でつくる道徳板書　95

11 ネームプレート活用型

今はICTを使って，瞬時にみんなの立場を共有することもできますが，黒板を使って立場を共有することのよさもあります。黒板を使用することで，板書の文字や図と連動させることができるのが最大のメリットと言えるでしょう。

■ ネームプレート活用型とは

　道徳の学習においては，多面的・多角的な見方・考え方からの議論が重要です。異なる意見や考え方を尊重し，それぞれの立場を可視化するためにネームプレートを活用するのがこのネームプレート活用型となります。

　この型では，黒板に大きく「数直線」を書きます。その上に自分の立場や意見をネームプレートを使って表明します。この型のメリットは立場や意見の「度合い」を示せる点にあります。それにより，たとえ同じ「賛成」であっても，人との考えの違いが明確に見えてくるでしょう。

■ ネームプレート活用型が生きる教材

　ネームプレートを活用する際には，二者択一で問うというよりも，立場や意見の「度合い」を問う教材と相性がよいでしょう。「主人公の行動に賛成か反対か」という単純な選択ではなく，「賛成度合い（反対度合い）は何％ですか」と問えるような教材がより効果的に使えるでしょう。

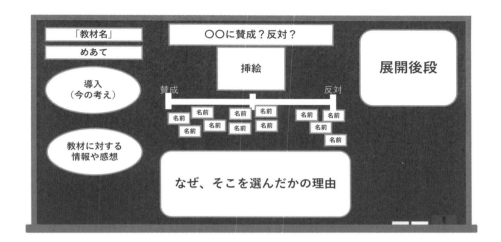

■ 数直線のスペースを大きく取る

　ネームプレートを貼るスペースはなるべく大きく確保していきます。その方が，後で理由を書くスペースを設けやすくなります。
　ネームプレートを貼り終えたら，意見交流をします。この際，ネームプレートを見て，少数派の立場の人から当てていく方が，子どもたちは答えやすいでしょう。教師が挙手を促しつつも，気になったところ（例えば，極端に振り切っているところなど）をどんどん聞くことができるのもこの型のよいところです。

■ なぜそこにしたのかの理由を大切にする

　ネームプレートを貼る位置が異なると，考え方が異なるということが可視化されます。ここで大切にしたいのは「なぜそこを選んだのか」という理由です。同じ位置に貼っていたとしても，理由は異なるという場合が多々あり，これを聞くことで，多面的な思考を促していきます。

教材名 「緑の闘士 —ワンガリ・マータイ—」(日本文教出版・6年生)

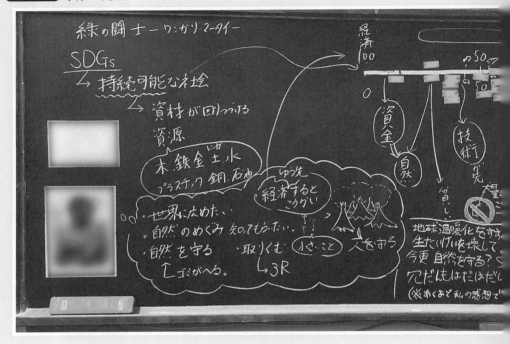

板書のポイント

①数直線で立場を示す

　今回のテーマは「持続可能な社会」です。教材では、「自然を大切にする」という側面が描かれていますが、その一方で、「経済を大切にしないとその日の暮らしが大変な人がいる」というのもまた事実です。数直線を使って、「持続可能な社会にしていくためには、自然か経済かどちらを優先するか」という立場の「度合い」を示していくこととしました。

②フリースペースを活用する

　ただし、「二者択一でどちらを優先するか」を決められる問題でもないので、自分の考えをフリースペースに書いてもらいました。「自然→経済」や「経済→自然」など、自分なりの立場や考えをもっていたようです。

内容項目　自然愛護

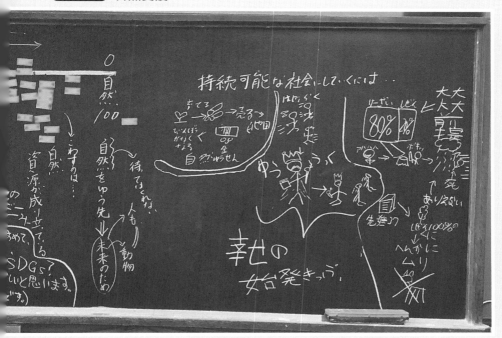

■ 授業の流れ

①教材から「持続可能な社会」について考える
　教材を通して，ワンガリ・マータイさんが行ってきた活動について知り「自然を保護すること」について考えました。
②教材にはない情報を出して，多面的に考える
　木を切り倒し，畑にしてコーヒーを育てている人の情報も追加で出しました（１日２ドルで生活していることなど）。これらを総合して，「持続可能な社会にするためには，経済か自然どちらを優先させるか」を考えました。
③持続可能な社会についてあらためて考える
　持続可能な社会にするためには，「自然も経済も両方大切」ということを実感した上で，「ではどうするか」についてあらためて考えました。

教材名 「それじゃ，ダメじゃん」（日本文教出版・6年生）

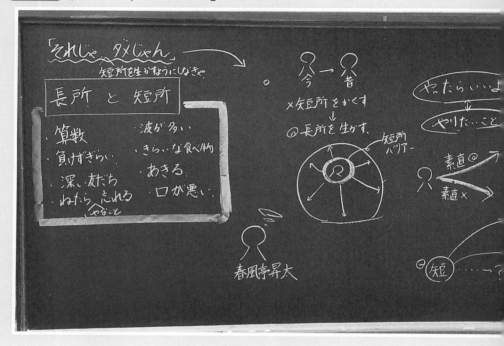

板書のポイント

①数直線で立場を四段階で示す

　ネームプレートを用いて，立場を示してもらいました。今回は「短所を長所にしていくか長所を伸ばしてスーパー長所にするか」という度合いを尋ねました。四段階で度合いを聞きながらも，「どうしても真ん中がいい」という声が上がってきたので，途中で2.5という段階を設けました。正解を探るわけではないので，この辺りは柔軟に対応していきたいところです。

②考えを図解しながら示す

　「短所は，『できなくなる』という思い込みのバリアを張ってしまう」という意見が出ました。それを図で示していくと，「その思い込みの部分を広げていくと長所になるのでは」という意見を引き出すことができました。

内容項目 個性の伸長

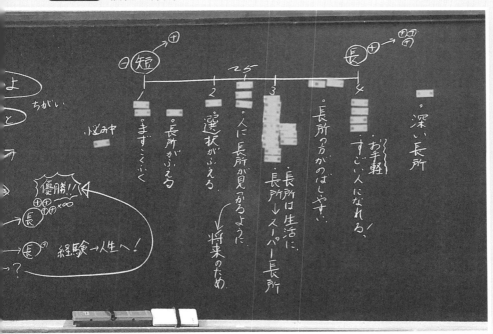

■ 授業の流れ

①自分の長所と短所を思い返す

　自分事として考えるための第一歩として、自分の長所と短所を思い返していきました。

②教材から短所をあらため、長所にしていくことを考える

　教材を通して、「短所をあらため長所にするにはどうしたらよいか」や「短所を克服できたらどんなよいことがあるか」について話し合いました。

③「自分だったらどうするか」を数直線で表す

　今回は、展開後段でネームプレートを活用しました。教材のように「短所を長所に変えていく」のか「長所を伸ばしてスーパー長所」にしていくのか、その立場の度合いを示しながら話し合いを進めていきました。

12 挿絵構造的活用型

デジタル教科書が活用できるようになり，挿絵の準備が以前と比べて格段に容易になりました。毎回挿絵を準備する必要はないと思いますが，挿絵があった方が考えやすくなるという教材もあります。

■ 挿絵構造的活用型とは

「構造的な板書」という言葉を耳にしたことはありませんか。今回紹介する挿絵構造的活用型とは，挿絵の配置を工夫することで，板書を構造的にする型となります。

心情曲線型のところでもお伝えしたのですが，せっかく挿絵を活用するのなら，挿絵を並列的に貼っているだけでは少々もったいない。挿絵の配置を工夫することで，登場人物同士の関係性や，場面の関連性を明確にすることができます。

■ 挿絵構造的活用型が生きる教材

中心場面では，主人公の道徳的な行為行動が描かれています。他の場面がどのような影響を与えた結果，中心場面のような行動ができたかを探るという教材の際に，挿絵構造的活用型が有効です。

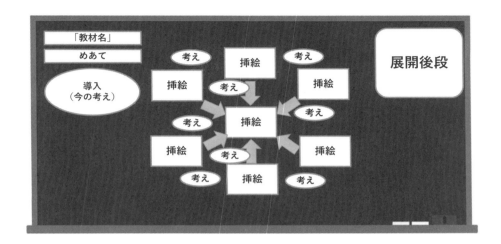

■ 挿絵の貼り方を工夫する

　挿絵を用意したからには、有効的に活用したいものです。まず、一番考えさせたい中心場面を黒板中央に貼ります。そして、各場面を中心場面の周りに貼っていきます。このように配置していくことで、各場面が中心場面へ与える影響を可視化することができます。さらに、インターネットからフリー画像を追加して、より具体的なイメージをもたせることも効果的です。

■ それぞれの影響を考える

　各場面が中心となる場面に対して、どのように影響を及ぼしているかを考えます。その際、出てきた言葉を簡潔な言葉にして板書を進めていきます。
　登場人物が複数出てくる教材では、主人公を中心に配置して、周りの登場人物が主人公に対してどのような関わりをしているかを考えるのも有効な方法となります。関係性に応じて、矢印の色や向き、太さなどを変えていくとより構造化された板書となるでしょう。

教材名 「ごめんね，サルビアさん」（日本文教出版・3年生）

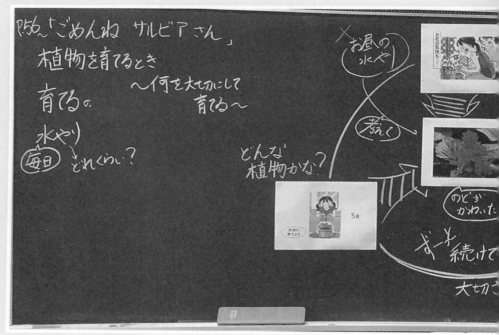

■ 板書のポイント

①挿絵の追加をする

　主人公は，最初やる気満々でサルビアを育てていましたが，梅雨の時期に入り，水やりの必要性が少なくなると，水やりをさぼりがちになってしまいます。ここで着目したいのは「梅雨」の場面です。教科書では梅雨の場面の挿絵がなかったので，雨が降っている様子の写真を追加して，イメージしやすくしました。挿絵を活用する際には，必要に応じて挿絵を追加することをおすすめします。

②矢印を有効活用する

　どの場面から，サルビアへの想いが強くなったかを問い，矢印の太さで表現していきました。視覚化されると，イメージが湧きやすくなります。

内容項目 自然愛護

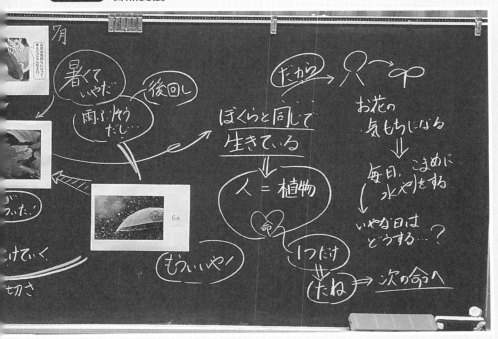

■ 授業の流れ

①中心場面を確認し，挿絵を貼っていく

　教材を読み終えた後，あらすじを確認しながら挿絵を貼っていきます。今回は，「場面」ではなくサルビアが咲いている様子を中央に貼りました。

②それぞれの場面の関係性を捉えていく

　それぞれの場面で考えたことや，中心場面に対する影響を話し合い，短い言葉で板書を進めていきます。

③展開後段の話し合いをふくらませる

　「植物はぼくらと同じで生きている。だから，お花の気持ちになるって言っていたおかあさんの気持ちはわかる」と発言していました。そこから「命」について考え，「次の命へ繋ぐ」という尊さに気づく時間となりました。

2章　8つの型でつくる道徳板書　105

教材名 「わたしのせいじゃない」（日本文教出版・6年生）

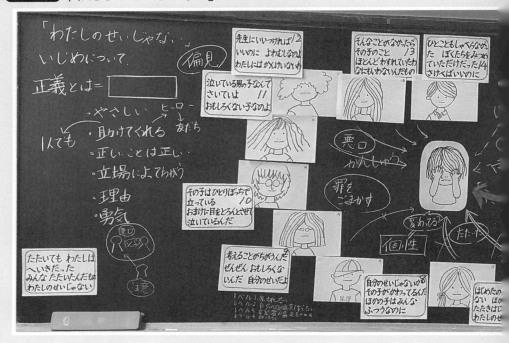

板書のポイント

①挿絵と主張をセットで掲示する

「わたしのせいじゃない」のように登場人物が多い教材は，それぞれの登場人物の考えを整理しておく必要があります。そこで，それぞれの登場人物の考えもセットで掲示することにしました。

②矢印を使い関係性を整理する

森田洋司氏が提唱している「いじめの四層構造」をご存知でしょうか。いじめには「被害者」「加害者」「観衆（周りではやし立てる者）」「傍観者（見て見ぬふりをする者）」が存在します。ここでは，子どもたちにそれぞれの発言に対してどう思うかを問いながら，傍観者は点線，加害者は二重線，観衆は一本の線と書き分けながら整理していきました。

内容項目　公正，公平，社会正義

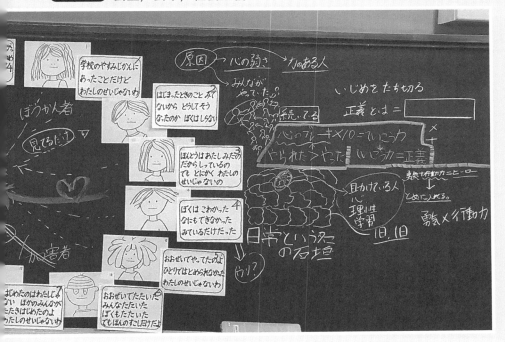

授業の流れ

①「正義とは」と問い，自分なりの考えをもつ

　導入では「正義とは何か」とストレートに問い，真剣に考える雰囲気をつくりながら，授業を開始しました。

②挿絵を有効活用し，関係性を整理する

　登場人物を時計回りに配置していき，それぞれの発言が主人公にとってどのような意味をもつかを考えました。

③フリースペースを多めに設け，考えを整理する

　展開後段では，あらためて「いじめを断ち切る正義」について考えました。「日常という名の石垣を大切にする。そして，その中の違和感を探すと被害者を助けることができる」という発言をしていた子が印象的でした。

13 思考深掘り型

これまで紹介してきた「比較型」や「吸い上げ型」は、いくつかの場面から共通項を見出し、テーマについて考えるものでした。今回はその逆で、テーマから深掘りしていこうという型になります。

■ 思考深掘り型とは

　何かの出来事が起こった際に、その原因を探ることがあります。その原因には、何かしらの背景や根底となる考えがあるかもしれません。そこをどんどん深掘りしていくのが、思考深掘り型となります。
　吸い上げ型では、黒板の下の方から板書していき上に進んでいましたが、今回はその逆で、上の方から板書をしていき、下の方へと進んでいくこととなります。まさに掘り進めていくイメージですね。

■ 思考深掘り型が生きる教材

　表面的に考えるだけでは、主人公の行為行動の真意に気づくことが難しい教材の場合には、思考深掘り型が力を発揮することでしょう。例えば、内容項目Dの「よりよく生きる喜び」や「感動、畏敬の念」といった、主人公の行為行動の真意が見えにくい崇高なテーマに対しては、思考を深掘りしていくことで見えてくるものがあるのではないでしょうか。

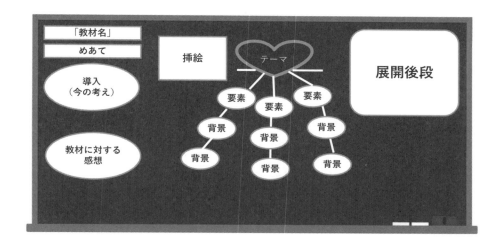

■ 導入や教材に関する感想を大切にする

　「思考深掘り型」のメインは、黒板の中央で思考を深掘りしていくところになります。ですが、導入や教材に対する感想も黒板に言葉として、しっかり残しておきたいところです。「教材を読む前に考えたこと」や「教材を読んでパッと思い浮かんだこと」はテーマについての思考の深掘りと一致しないかもしれません。そのズレを問えば、さらに思考が深まることになります。よって、テーマを深掘りする前の考えを残しておきたいという話でした。

■ 「思考を掘り下げていく」ということ

　「テーマ」に対して、思考を深掘りしていきます。まずは、パッと考えたことを「要素」として書きます。その上で、その要素を深掘りしていき、その要素の背景をどんどん下へ下へと書き進めていきます。共通項や似ているところが出てきた際には、横にも線を結んでいき、テーマに対する理解が深まるようにしていきます。

2章　8つの型でつくる道徳板書　109

教材名 「二番目の悪者」(小さい書房・5年生)

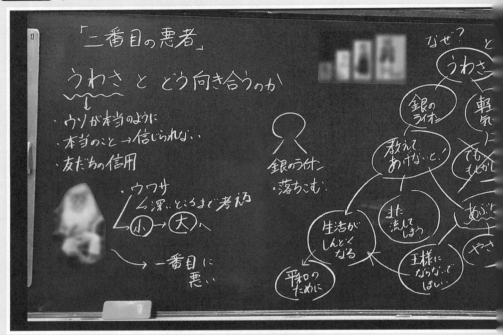

板書のポイント

①基本の構成を意識してみる

　板書の基本の構成を覚えているでしょうか。「3分の1ずつに区切って考える」が基本形でした。今回，左側は導入と教材を読んでの感想，中央は「うわさ」についての思考の深掘り，右側は「こうならないためには（どんな考えをもつか）」という構成で板書を進めました。

②どんどん掘り進めていく

　「なぜ噂を流してしまうのか」について思考を掘り下げていきました。噂を流してしまう背景は「相手のためを思っての優しさ」「何も考えていない軽率さ」「悪意があって流している」というものが混在していることが見えてきました。その中でも考えが繋がっている部分は矢印で結んでいきます。

内容項目 公正，公平，社会正義

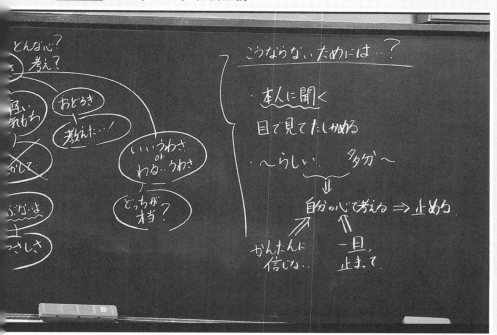

授業の流れ

①噂とどう向き合うかを考える

　虚構新聞のサイトを紹介することで，SNSに流れる噂に対してどのように向き合うかを考えました。

②絵本『二番目の悪者』から，噂について考える

　絵本から噂についての思考を深掘りしていきます。思考を広げつつ，掘り下げていく中で，それぞれの言葉の関連性も見えてきました。

③「噂が流れて破滅しないためにはどうするか」について考える

　SNSや現実世界の噂，どちらも悪い方向に働くと教材のように「破滅」につながるかもしれません。こうならないためには，どのような考えをもっていたらよいかを考えることとしました。

教材名「母さんの歌」（日本文教出版・5年生）

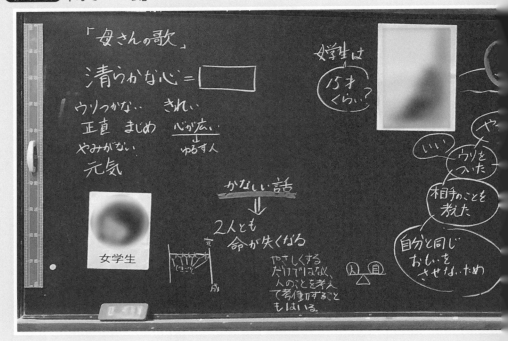

■ 板書のポイント

①広げつつ，深めつつ板書をする

　最初に，女学生がこのように行動した原動力となる「優しい気持ち」「（ほうやを）かわいそうと思う気持ち」という要素が出てきました。それぞれ「優しさとは，どのような優しさか」「かわいそうの奥にあった気持ちは何か」と問い，どんどん思考を深掘りしていきます。思考が枝分かれしている部分は，黒板でも広げながら書き進めていきます。

②黒板の下の方をフリースペースとして活用する

　展開後段では，まだ思考を掘り下げられそうということで，黒板の下部をフリースペースとして開放しました。「『清らかな心』は出来事の積み重ねで生まれる」と女学生の挿絵の横に書かれた図が特に印象的でした。

内容項目　感動，畏敬の念

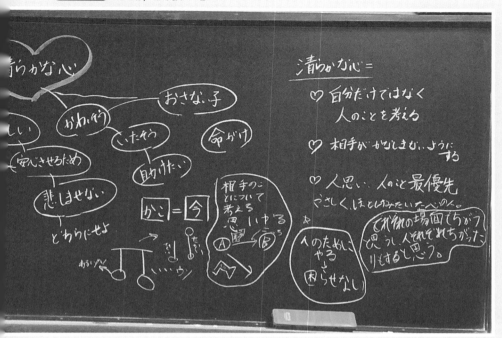

■ 授業の流れ

①「清らかな心」を確認し，言葉を残しておく
　導入では，「清らかな心」についてもっているイメージを確認し，黒板に残しておくことにしました。これが後の展開で効いてきます。

②「清らかな心」について深掘りをする
　「優しい嘘をついた」という意見が出てきました。最初の「嘘をつかない」と矛盾しているところです。こういう矛盾点を掘り下げていきます。

③「清らかな心」について再考する
　「自分だったら，この女学生のように行動できるのか」という子どもの問いから話し合いはさらに加速しました。最後は，「『清らかな心』は生まれつきあるものか，芽生えてくるものか」を議論し，締め括りました。

2章　8つの型でつくる道徳板書　113

Column —————————————————————————— 2

授業が始まる前の心の準備

「授業は授業が始まる前に勝負がついている」

こう書いてしまったら，少々大げさでしょうか。でも，私はこれくらいの気持ちで準備しておくことが大切かなと思っています。

ここでいう準備とは，教材研究はもちろんのこと，授業が始まる寸前のことも言いたいのです。

例えば「ベル着」という言葉があります。ベルが鳴る前に着席しておくということですが，これができているかどうかで，授業のスタートダッシュに雲泥の差が生まれます。

ベル着は子ども側の準備ですが，教師側の準備として，「ICT機器の接続確認」「黒板がきれいになっている」「チョークが揃っている」などは，ベルが鳴る前に確認しておきたいものです。

その中でも特に意識しているのが，黒板です。黒板は文字が全て消されているとしても，うっすらと前の時間の文字が残っていることがあります。これをじっくりと消して，ピカピカの状態にして授業のスタートを迎えたいのです。

黒板をピカピカにすると，文字の見えやすさがアップするだけではなく，心をリセットしてまっさらな気持ちで授業に向かうことができます。

黒板がクラスみんなの脳内だとしたら，まっさらな状態にした方が，これから学習することが入ってきやすくなると思いませんか。

そんなことを考えながらゆったりと黒板を消している間に心の準備ができてくるのでした。

3章

実例でよくわかる道徳板書

01 同じ教材でも板書は変わる

道徳の授業は面白くて，同じ発問や展開を描いていてもクラスが変わると，全く違う板書になることがあります。何だったら，同じ板書になることは二度とないと言っても過言ではないでしょう。

■ 基本の３分割を意識する

　３章では，様々なパターンの板書を紹介していきたいと思います。

　今回紹介するのは「東京オリンピック　国旗にこめられた思い」（日本文教出版・６年生）の教材です。

　２章では「板書の８つの型」を紹介してきましたが，今回紹介する板書はどの型にも当てはまらないものとなっています。もちろん，これまで紹介した板書の型を使って授業をすることもできますが，毎回，板書の型を使って授業をしているわけではないということを示したいと思います。

　１章で，板書の基本は３分割で行うということを示しました。今回の板書はまさにその基本の形となっています。

　少し復習しておくと，「黒板の左側を導入や展開前段で出てきた意見，真ん中を中心発問で出てきた意見，右側を展開後段で出てきた意見というように分けています」ということでした。忘れてしまったという方は，ぜひ１章を読み返してみてください。それでは，次のページに３クラス分の板書を掲載しましたので，まずは見比べてみてください。

〈板書①〉

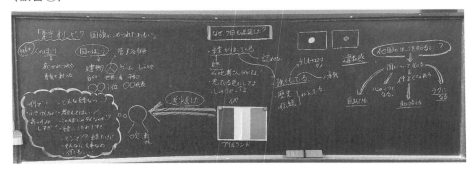

〈板書②〉

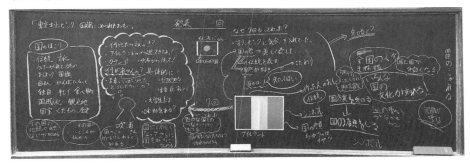

〈板書③〉

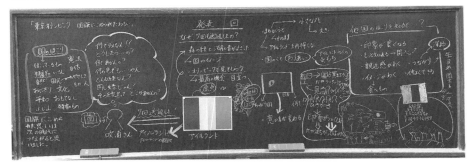

それでは，次のページから解説に入っていきます。

3章　実例でよくわかる道徳板書　117

教材名 「東京オリンピック 国旗にこめられた思い」〈板書①〉

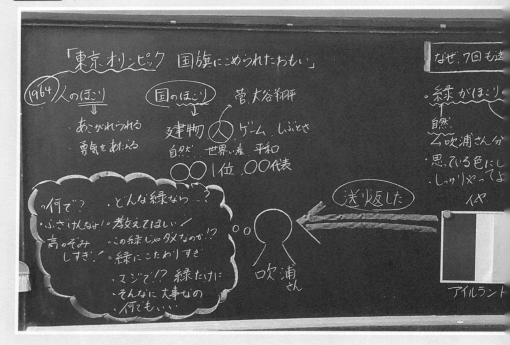

板書のポイント

①黒板の右側へ進むほど抽象度を上げていく

　国際理解や国際親善は子どもたちにとって馴染みが薄い教材と言えます。そこで，黒板の左側では，登場人物である吹浦さんの思いを探ることから始め，中央ではアイルランド国民の思いについて考え，右側は，他国の誇りを知る意味について考えました。具体から始まり，具体から出発し，徐々に抽象度が高まるという構成になっています。

②「日本ならどうか」を黒板に書いて問う

　アイルランドの国旗の緑色が少し異なるという状況について思考を巡らせるために，「日本の国旗の日の丸が赤色ではなく，黄色だったらどう思うか」ということについて絵を描きながら問いました。

内容項目　国際理解，国際親善

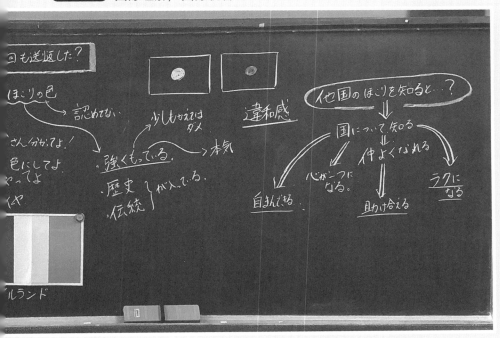

授業の流れ

①吹浦さんの思いを問い，共感を呼び起こす

　国旗を製作する立場である吹浦さんの思いに焦点を当てることで，何度も作業をやり直す苦労に対する理解と共感を促しました。

②7回も断った「こだわり」について話し合う

　国旗の製作を依頼したアイルランド側の思いを問うことで，国旗にこめられた意味や背景について話し合いを深めました。

③他国の誇りを知ると，どのようないいことがあるかを考える

　最後は一般化の発問です。今回は国旗を題材にして話が進んでいきましたが，その国の「誇り」を知るとどのようなよいことがあるのかについて話し合いました。

教材名 「東京オリンピック　国旗にこめられた思い」〈板書②〉

■ 板書のポイント

①子どもの素の思いを受け止めて書く

　子どもの発言を板書する際には，丁寧な表現に変換したり，長すぎる言葉は省略したりすることがあると思います。

　今回は，子どもたちから，吹浦さんの思いを代弁するような意見がたくさん出てきたため，あえてリアルな思いをそのまま板書するということにこだわりました。なので，「何やったらええの!?」「何があかんの？」と関西弁丸出しの板書となっています。

　ときには，素の子どもたちの意見を受け止めていくということを大切にしてみてはどうでしょうか。「先生は何を言っても受け入れてくれる」と感じた子どもたちは，積極的に意見を出してくれますよ。

内容項目 国際理解，国際親善

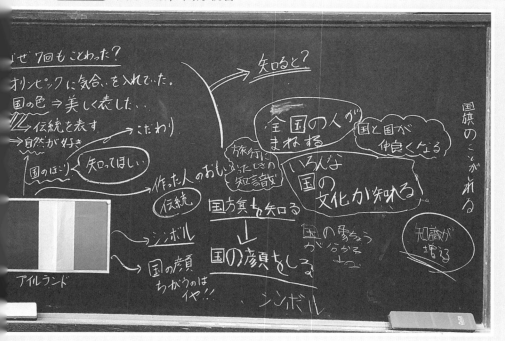

〈板書①〉との違い

①伝統や文化に関する発言に着目

　「国の誇り」についての話し合いをする中で出てきたのが，「伝統，文化」という言葉でした。国際理解と切っても切れない関係だと思います。

②国旗は「国の顔」ということを深掘りする

　国旗はその国のシンボルであり，国の顔のようなものだという考えが出ていました。「伝統，文化」から考えると自然な流れのような気がしました。

③フリースペースの活用

　話し合いが一通り終わった後に，「黒板に意見を付け足したい人は付け足してもいいよ」と促しました。「その国のことを知ることができると，仲良くなれる」という意見が多く出されていたように思います。

教材名 「東京オリンピック 国旗にこめられた思い」〈板書③〉

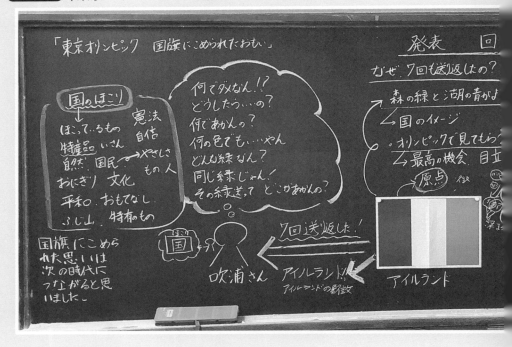

板書のポイント

①国旗の写真を活用する

　この教材では，アイルランドの国旗の「緑色」の部分が注文していたものと微妙に異なることが問題となり，やり直しのために7回も送り返したという話になっています。この教材を考える上で，国旗は「鍵」となってくるわけです。国旗の写真を中央に貼り，テレビで緑色の微妙な違いを映し出すことで，アイルランドの人々の思いに共感する機会を設けました。

②問い返したことを板書に残していく

　「国旗の緑が間違ったままになるとどうなるか」と問い返したことを板書に残していきました。「小さなズレは大きなズレを生み出す」ということや，「そもそもの意味が変わってしまう」という鋭い意見が出ていました。

内容項目 国際理解，国際親善

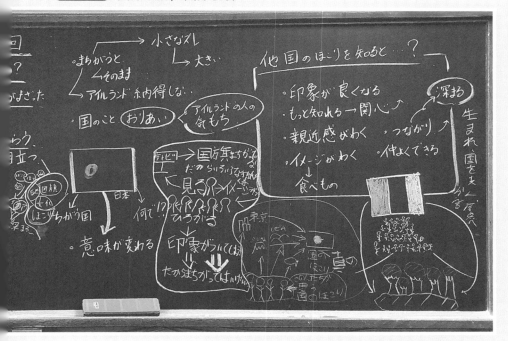

■ 〈板書①〉〈板書②〉との違い

①フリースペースの活用方法の違い

　実は，この板書③は私が担任をしているクラスで行ったものでした。私が担任をしているクラスでは，「黒板に意見を書きにきてもいいよ」「（意見を）言うも一回，（黒板に意見を）書くも一回」「黒板に書くときは，キーワード，図などパッと見てわかるものにする」ということを伝えてきました。

　そのため，自分の考えたことを図式化して，書きにくる子が多くなっていました。これは，いい効果を生み出してくれていました。「図を描く」行為は，自分なりに考えを整理して，まとめておくことが必要です。「図を描く」ことを通して，より深い思考ができていたのではないかと思います。次のページで実際のノートを紹介します。

黒板は,「写すためのものではない」ということを強調する

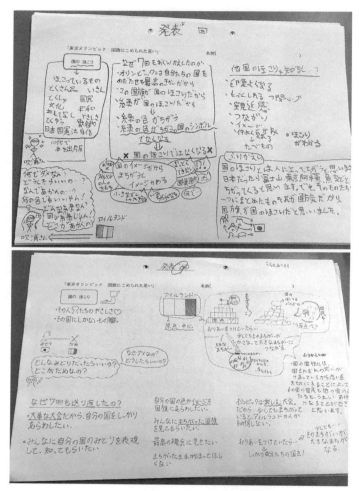

　上の2枚の写真は,板書③の授業のときのものです。それぞれが板書とは異なる書き方をしていることが見てとれます。黒板はあくまでも思考を促すためのツールです。「板書は写すためにやっているのではないからね」ということは年度を通して,ずっと言い続けてきたことでした。

■ 「授業が始まってみないとわからない」ということを楽しむ

　いかがだったでしょうか。３つの板書を見比べると，共通するところは「導入の部分」「吹浦さんの思い」「なぜ（国旗を）７回も送り返したか」「他国の誇りを知ると（どのようないいことがあるか）」の部分です。今回は，私が想定していた展開で授業を進めていたため，これらの発問は共通しており，板書にもその部分が表れていると思います。

　一方で，クラスによって異なる部分があるところも面白いところです。
　板書①では，「細かい違いによって生まれる違和感」に着目しました。そこから，国の誇りを知るとどのようないいことがあるかを考えるというオーソドックスな展開になりました。
　板書②では，「国旗はシンボルであり，国の顔である」という考えが前面に出てきていました。そのことを黒板に書きにきてくれる子がいました。
　板書③では，「国旗は，その国の原点であり，そこがズレるということは大きなズレが生まれてくる」という考えが出てきていました。それを黒板で図解しながら説明する子がいました。

　同じ発問をしているにも関わらず，子どもたちの発言が変わり，黒板への表現が変わるのは興味深いところでした。これは，授業が始まる前には思い描いていなかったところです。「教師が板書を進める」「子どもが板書に追加をする」などはクラスの実態に応じて変えていけばよいと思います。

　「どんな板書になるのか授業が始まらないとわからない」ということも含めて楽しんでいくと，授業がより楽しくなるのではないでしょうか。

ポイント
・基本の３分割を意識しながら，展開に応じてアレンジを加える
・どんな板書が生まれてくるかということも楽しんでみる

3章　実例でよくわかる道徳板書　125

02 クラスの実態に応じて板書の手法を変えてみる

3章の01では，同じ発問，同じ流れだけど，子どもたちの発言によって板書が少し変わってくるということを紹介しました。ここでは，意図的に発問や学習活動を変えて，板書を変えたという実践例を紹介したいと思います。

◼ クラスの実態に応じて板書の手法を変える

　板書が授業の展開によって自然と変わってくることもありますが，今回は意図的に板書の仕方を変えた例を紹介したいと思います。使用した教材は，「ほんとうのことだけど……」(日本文教出版・6年生)です。この教材は「自由」について考える内容で，かなり考えさせられるものとなっています。

　さて，クラスの実態によって板書を変えるということですが，クラスの実態に合った板書の形とはどのようなものでしょうか。今回は3つのクラスの実態に応じて板書を分けました。

　板書①　自分の意見や立場を表明することがやや苦手なクラス
　板書②　自分の意見や立場を表明することにはそれほど抵抗がないクラス
　板書③　自分の意見や立場を表明することが好きなクラス

　さて，読者のみなさんのクラスの実態はどのタイプでしょうか。自分のクラスの実態を思い浮かべながら，ページをめくっていただければと思います。まずは，次のページの板書を見比べてみてください。

〈板書①〉

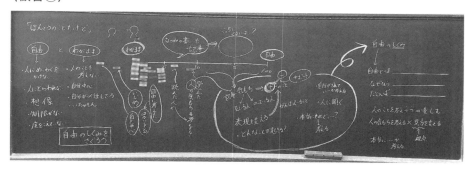

〈板書②〉

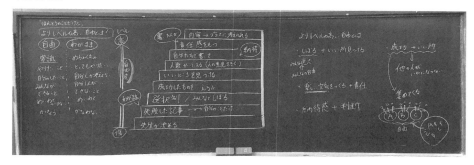

〈板書③〉

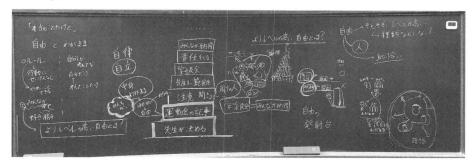

　それでは，次のページから解説に入っていきます。

3章　実例でよくわかる道徳板書

教材名 「ほんとうのことだけど……」〈板書①〉

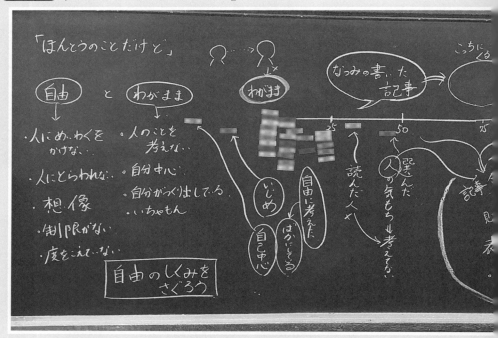

■ 板書のポイント

①以前，学習してきたことを反映させる

「自由」と「わがまま」は似ていて，その境目は紙一重です。この学年の子どもたちとは5年生の頃にも「自由」と「わがまま」の違いについて考えてきていたため，そこを導入として取り上げ，板書に反映させました。

②ネームプレート活用型で立場を表明する

冒頭で紹介したように，このクラスの子どもたちは自分の考えや立場を表明するのがやや苦手であるという実態がありました。そこで，「なつみの書いた記事は自由かわがままか，その度合いを数直線で示してみよう」という活動を入れました。立場を明確にしたことで，意見を述べやすくなり，次の展開へと結びつけることができました。

内容項目 善悪の判断，自律，自由と責任

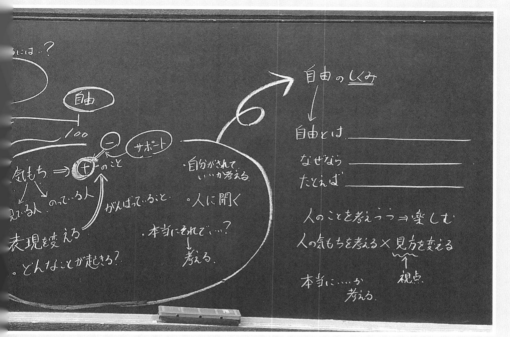

授業の流れ

①**自由とわがままの違いを明確にする**
　自由とわがままの違いは既習事項となります。既習事項をしっかりと黒板に残すことで，この後の意見を出しやすいようにしていきます。

②**数直線×ネームプレートで考えを示す**
　ネームプレートを使う際には，通常，意見が割れることを期待しますが，今回のように偏りがあっても大丈夫です。「わがまま」が可視化されました。

③**自由のしくみについて自分なりに考えを整理する**
　「なつみが書いた記事は『わがまま』である。だとしたら，この記事を『自由』にするには？」と段階を踏んで問いました。そして，終末では「ふりかえり」の際の型を示し，考えを整理しやすいようにしました。

3章　実例でよくわかる道徳板書　129

教材名　「ほんとうのことだけど……」〈板書②〉

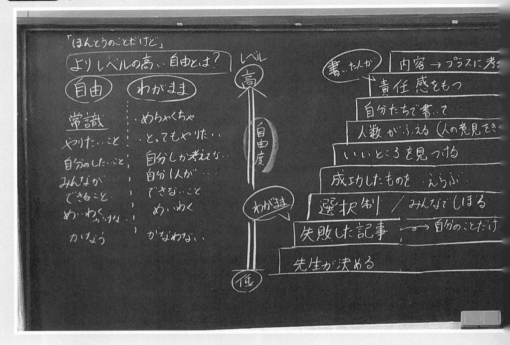

■ 板書のポイント

①「よりレベルの高い自由」を階段で示す

　導入で「自由」と「わがまま」について話し合った後,「6年生の最後だから,これまで考えた自由よりレベルの高い自由を探ってみよう」ということで,授業を始めていきました。階段状で示すことで,「その上は?」や「さらに上は?」と,どんどん続きを考えたくなる板書となりました。

②展開後段では,みんなで「納得解」をつくりあげる

　階段で示した内容は,教材の「運動会の記事を書く」ということに限定したものでしたので,展開後段では一般化をして考えていきました。「何かと何かが合わさったものでは?」という意見から,「楽しい空気をつくる＋責任」「納得感＋判断」など,子どもたちなりにレベルの高い自由を考えていました。

内容項目 善悪の判断，自律，自由と責任

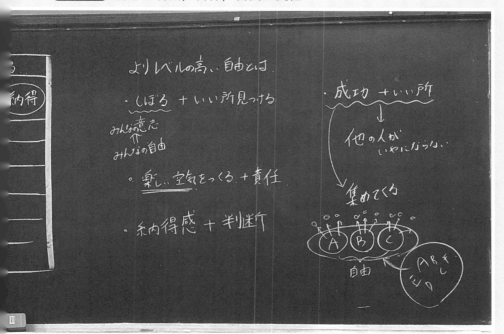

■ 〈板書①〉との違い

①階段型にすることで，全体での話し合いを活性化させる

　このクラスでは意見がたくさん出てくる実態があったので，階段を示しながら，いきなり全体での話し合いをするという形にしていきました。

②「よりレベルが低い自由」も考える

　あえて，めあてとは逆の「レベルの低い自由」についても考えました。それが板書の階段1段目の「先生が決める」です。

③子どもたちから出た意見を図解で示す

　「いろいろな要素から，話し合って絞っていく必要がある」「話し合って絞った枠の中で，自分たちで考えることが自由」といった意見が出てきたので，黒板右下のように図解して示していきました。

3章　実例でよくわかる道徳板書　131

教材名「ほんとうのことだけど……」〈板書③〉

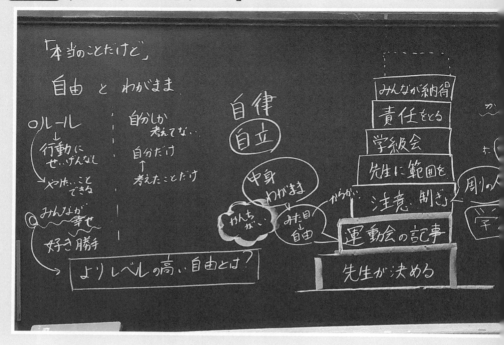

板書のポイント

①最上級を「点線」で示す

　板書②のクラスと同様に階段で示していくことにしました。意見が出るたびに階段の段を一段ずつ付け足していったわけですが，最後まで議論が出尽くしたような感じになったときに，さらにもう一段「でも，まだ上の段があるかもしれないよね」と言いながら，点線で段を付け足しました。そこから子どもたちの思考にさらに火がつきました。

②子どもたちに「任せてみる」

　たくさん意見が出るクラスなので，黒板の右側を子どもたちに任せてみました。この授業を実施したのが，2学期ということもあり，子どもたちは図解しながら説明をしにきてくれていました。

内容項目 善悪の判断，自律，自由と責任

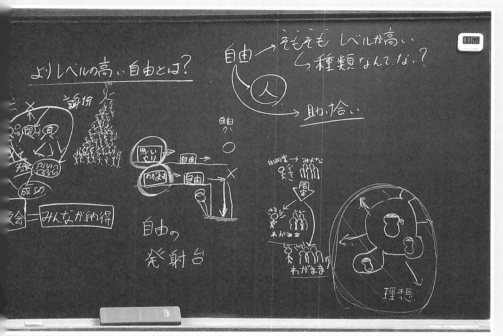

■ 〈板書①〉〈板書②〉との違い

①「図」で説明するということ

　子どもたちが黒板にたくさん図解を用いて説明している様子が見られます。これは，1学期からの積み上げがあったからこそ成り立った板書です。いわゆる「見やすさ」や「映え」はないかもしれませんが，その分，子どもたちが黒板を活用しながら生き生きと発言しています。これはまさに黒板が思考のツールとして機能した瞬間でした。

②出てきた問いを黒板に残しておく

　話し合いの終盤に，「そもそも自由にレベルが高いなんてないのでは？」「自由に種類ってあるのかな？」と新たに疑問が出てきました。この時間で解決できないことも黒板に残しておくことで，思考を継続する態度を育てます。

3章　実例でよくわかる道徳板書　133

板書の違いがノートに与える影響

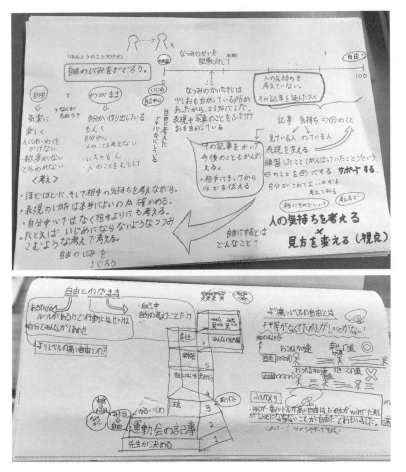

　上のノートは板書①,板書③のものになります。板書したことがもとになっているので,中身は大幅に変わってきます。上の子は「人の気持ちを考える×見方を変える」ということを自分なりの結論とし,下の子は「誰もがwinで誰もがloseにならないこと」と考えました。黒板と同様に,ノートも思考のツールとして働くようなものを目指したいです。

■ クラスの実態によってどのように板書を変えていくのか

　ここで紹介した板書①〜③の違いは，発問や学習活動の話の部分が大きいかもしれません。板書と発問や学習活動は切っても切れない関係性にあるということを覚えておいてください。

　１章でお伝えしたように，板書は基本的には「教材の特徴」や「内容項目」によってタイプを変えていけばよいでしょう。ただし，今回のようにクラスの実態に応じて変えるというのも時には必要かもしれません。

　私が意識しているのは，意見や考えを表明するのが苦手なクラスの場合は，なるべく選択式の問い（クローズドクエスチョン）から始めていくということです。「対比型」を用いて「ＡかＢか」を問い，授業を展開させることや，今回のように「ネームプレート活用型」を用いて，立場を表明させた上で，話し合いを始めるということを行っています。

　逆に，たくさん意見が出てくるクラスでは，「イメージマップ型」や「思考深掘り型」を使い，自由な発想で板書を進めていけばよいとも言えます。

　もちろん，考えを表明するのが苦手だから毎回「対比型」でやろうとか，たくさん意見が出てくるから，毎回「イメージマップ型」でやろうというわけではありません。「教材の特徴」と「クラスの実態」の両面から考えて，適切なものを選択することが重要です。こればかりは，試してみないとわからないところだと思いますので，様々な板書の型を試しながら，どの板書が適切かという感覚を掴んでみてください。

ポイント
・クラスの実態に応じて板書を変えていく
・教材の特徴とクラスの実態の両面から考えて板書を決定する

03 徹底解説！「自分たちでつくる板書」とは

いよいよ最後のテーマとなりました。ここでは,「自分たちでつくる板書」を紹介します。「自分たちでつくる板書」は教師主導ではない分,難易度が上がるように見えます。でも,コツさえ掴めばそんなことはないですよ。

■ 「自分たちでつくる板書」を目指して

　模擬授業をしていたときのことでした。一つ発問をすると,参加者からの意見が想像以上にたくさん飛び交い始めました。すると,私の役目はほぼなくなり,「そうですね」とただ頷きながら,板書を進めていくというものになりました。

　実は,この模擬授業の準備段階では,私は「問い返し発問」をたくさん考えていました。「問い返し発問」を通して参加者の思考を揺さぶることで,「道徳の授業とは,こうやって揺さぶりながら考えを深めていくんですよ」ということを示そうと思っていました。

　でも,やっているうちに,私の問い返し発問ですら参加者にとっては「ノイズ」になるという感覚が出てきました。教師が前に出ない方が,参加者同士の話し合いが活発になる予感がしたのです。

　では,板書ではどうでしょうか。板書にも同じことが言えるかもしれません。授業者が「このタイミングでこれを書こう」と意図的に書いていることは,時としてノイズになるかもしれません。

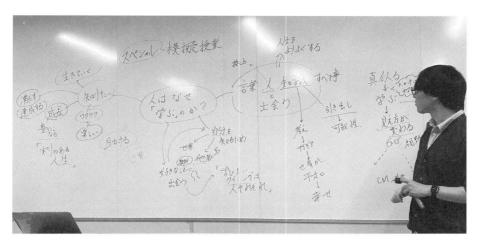

模擬授業の板書

　実は、この模擬授業では板書計画を立てずにやってみました。ただし、決めていたことがあります。それは「中央にテーマの『人はなぜ「学ぶ」のか』を書く」と「黒板の左側は、教材を読む前の考えを書き、右側は、教材を読んだ後の考えを書く」という枠組みです。

　それ以外は、全て参加者から出てくる意見にゆだねてやってみようと考えていました。**この「ゆだねる」を大切にするということが「自分たちでつくる板書」に繋がるのではないかと考えています。**

　「どこに何を書くのか」という枠組みは、授業者の中にもっておき、それ以外は子どもの思考の流れに任せて、バトンを渡すという感覚で臨むことを大切にします。話が少々抽象的になってしまいましたが、この後のページで実践例を交えながら解説しますので、そちらをご覧ください。

ポイント
- 子どもたちに「ゆだねる」という感覚を大切にする
- 枠組みは教師がもっておき、それ以外は子どもに渡す感覚で臨む

3章　実例でよくわかる道徳板書　137

ポイント①「キーワード」からつくる板書

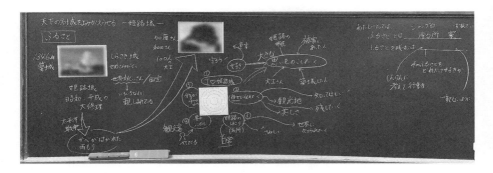

「天下の名城をよみがえらせる ―姫路城―」(日本文教出版) 6年生の教材です。この教材では,「姫路城を守り抜いてきた人々には,どんな思いがあったのか」について考えました。

まずは,「人々にどんな思いがあったのか」について,キーワードで考えて出し合いました〈写真①〉。

次に,出てきたキーワードに基づいて「どの思いが強いか」についてICT端末を使って,レーダーチャートを作成していきます〈写真②〉。

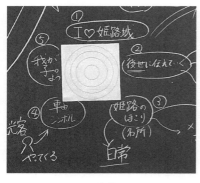

写真①

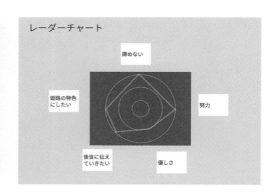

写真②

話し合いが進む中で,「後世に伝えていきたい」という意見が多く出されたので,そこを焦点化していきました。
　T:「後世に伝えていきたいってことだけど,何を伝えていきたいの?」
　C:「大きな思いを残していく」
　C:「姫路城が好きっていうことを伝えていく」
　T:「そもそも,この『人々』っていうのは誰のことを指すのだろう?」
　その答えが下の写真③となります。

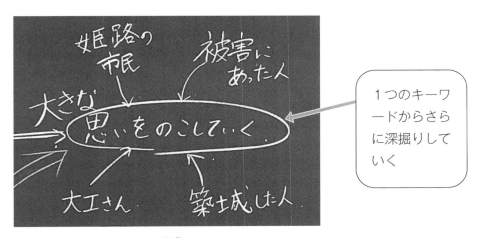

写真③

　実際に,姫路城を修復した人だけではなく,そこに住み続けている姫路の市民の思いもこめられているということが見えてきました。
　最後はふりかえりとなります。子どもたちにとっては,「誇りある郷土」というのは,少々馴染みが薄いものとなります。
　そこで,今回はふりかえりの際に型を示しました。それが,板書の右上のところになります。「私にとってふるさとは(　　　　　　　)である。ふるさとを残すには(　　　　　　)」という形です。
　子どもたちから,キーワードを拾い上げ,そこから深掘りをしていくという形の板書でした。

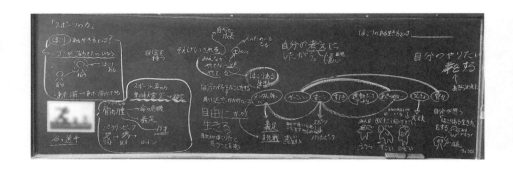

　「スポーツの力」(日本文教出版) 6年生の教材です。この教材では, パラアスリートの谷真海さんの生き方から「誇りある生き方」について考えました (1章で示したものとは違うクラスのものを掲載しています)。

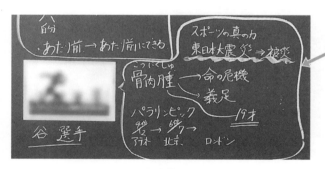

基本情報を端的に黒板に残しておく

写真④

　人物教材を扱う際には, その人物の生き方を考える上で必要となる基本情報を黒板に残すようにしています。今回は動画を視聴したので, その間に基本情報を残しておくことにしました〈写真④〉。
　なお, 道徳の授業は国語と異なり, 「読み取り」の授業ではありません。基本情報の確認作業などはなるべく教師が行い, 時間を短縮します。その方が子どもたちの話し合いの時間をたっぷり確保できます。

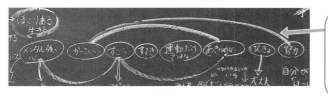

写真⑤

> 子どもたちに聞きながらどんどん繋いでいきます

今回は，話し合いの自由度を高めるために，「誇りある生き方について一言で表すと？」と投げかけ，一言で答えるところからスタートしました。それが，写真⑤で出てきた言葉です。

そして，出てきた言葉を見ながら，もう一度「これらの言葉を見て，『誇りある生き方』についてどのように考えますか？」と問います。

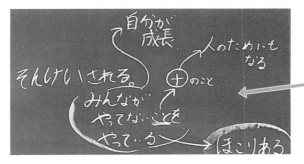

写真⑥

> 一つの考えから繋げられるところはどんどん繋ぎます

最初に出てきた考えに言葉が足され，考えが紡がれていきます。

C：「誇りある生き方は，みんながやっていないことをやっているってこと」
C：「自分が成長できることがいいよね」
C：「それは人のためにもなることがいいと思う」

言葉と言葉，考えと考えを繋ぐ意識で板書を進めていくと，子どもたちからどんどん考えが出てきます〈写真⑥〉。

3章　実例でよくわかる道徳板書　141

ポイント② 「図」からつくる板書

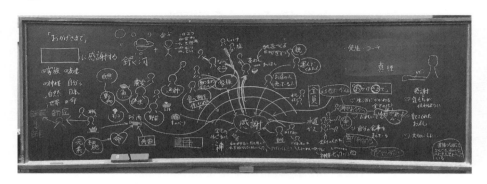

　「おかげさまで」（日本文教出版）6年生の教材です。この教材では，おばあさんが「おかげさまで……」と言っているところから「感謝」について考える内容となっています。

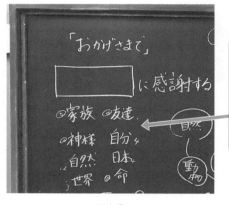

写真①

> 意見を出し終えた後に，自分も考えていたというところに手を挙げて確認しました
> 全員に挙手を促すことで，自分事として捉えやすくします

　導入では，「（　　　　　　　）に感謝する」という言葉を板書して，空白に入るのはどんな言葉かということをイメージすることから始めました。「家族」「友達」「神様」という言葉をイメージしている子が多かったです。

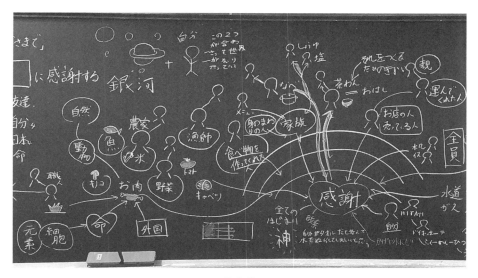

写真②

　「感謝」には、やってもらったことに対する感謝を表す「恩恵的感謝」と生きていることそのものに感謝する「普遍的感謝」があります。

　普段、子どもたちが感じているのは、親や友達に対する「恩恵的感謝」の部分です。今回の教材「おかげさまで」では、おばあさんは、「おかげさまで」という言葉を口ぐせとして発しています。そこから、生きていることそのものに対する「普遍的感謝」の要素も入っているのではないかと私は考えました。

　そこで写真②のように板書を進めていき、おばあさんが「おかげさまで」と言っている対象は誰なのかということを探っていきました。最初は「家族」とか、「野菜を作ってくれた人」という意見が出ていたのですが、話し合いを進めていくうちに「お店で売ってくれている人」「その野菜を運んでくれた人」「野菜そのもの」「お肉そのもの、命をもらっているから」と多様な意見が出てきました。1回の食事をするときに、これだけたくさんの人や命が関わっているということを視覚的にも感じてくれていたようです。

3章　実例でよくわかる道徳板書　143

たくさん話し合い，図を描く中で，ある子が「わかった！」と言って，下の図を描きました。みなさん，これが何だかわかりますか？

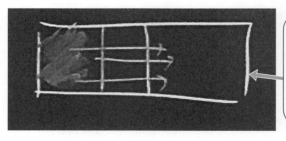

一見すると，何が描いてあるのかわからないところから，話し合いが広がっていきます

写真③

　私も最初にその図を見たときは何を描いているのか全くわかりませんでした。そこで，彼の説明にじっくりと耳を傾けることにしました。

C：「これはタオルです。タオルの端に，水を垂らします。すると，どうなるかわかりますか。水がだんだんと端の方に移っていくんですよ。これは『おかげさまで』というおばあさんの心と同じだと思います」
T：「どういうことか，もう少し詳しく言ってくれるかな？」
C：「『おかげさまで』という言葉は，誰かに直接言っているわけではありません。だけど，こうやって口に出して言うことで，その心はこのタオルのように，じんわりと伝わっていくと思うんです」

　いかがでしょうか。彼が説明しようとしていたことは伝わったでしょうか。子どもの発想は本当に柔らかいなと感心した覚えがあります。こうやって図を示しながら説明してくれると，脳内のイメージが伝わってきます。
　ちなみに，大人である私にはこのような発想はできません……。

写真④

　もう1つ面白かった考えを紹介しましょう。「お茶碗をつくってくれた職人に感謝する」という考えに付け足しで、「その師匠にも感謝する。さらにその師匠にも感謝する。だって、その師匠たちがいなかったら、その職人さんもいなかったはずだから」という考えを図で説明してくれました。

　教材の中のおばあさんは、ここまで考えていなかったかもしれません。ですが、こうやって思いを巡らせて、人はたくさんの人との関わりの中で生きていることを実感してくれたのは嬉しいことだと感じました。

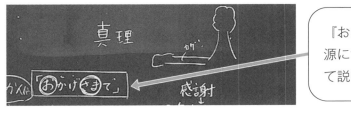

『おかげさま』の語源について図で示して説明しました

写真⑤

　最後に教師からの説話の際に「おかげさま」という言葉の語源を伝えました。語源は諸説ありますが、「陰」という言葉に「お」と「様」という言葉がついているという説を伝えました。

　木の下にいる人が、木陰で雨風に当たらずに済んだり、暑い日に陽射しを避けて陰で涼んだりする様子などが由来となっているらしいです。普段、あまり説話はしないのですが、ときには有効に働くのではないかと思います。

3章　実例でよくわかる道徳板書　145

　「ええことするのは，ええもんや！」（日本文教出版）４年生の教材です。この教材では，主人公のマナブが車椅子に乗っているおじさんを押して助けるという「親切」について考える内容になっています。

　　　　　図で示しながら，教材の
　　　　　状況を整理していきます

写真⑥

　この教材は，大まかに３つの場面に分けられます。
　「①マナブがおじさんに親切にしているところを友達に褒められることで良い気持ちになっている場面」「②誰も見てくれる人がいなくなって，重たい車椅子を押していることを後悔している場面」「③誰も見てくれていなくても人を助けることのよさを感じる場面」〈写真⑥〉

それぞれの登場人物がどんな気持ちになったかを聞いたところ，どの登場人物も「嬉しい」という気持ちになっていることがわかりました。

　　　　　　　　　写真⑦　　　　　　　　　　　　　写真⑧

　「①のマナブは嬉しい気持ち。③のマナブも嬉しい気持ち。では，何が違うのかな？」ということを問いました〈写真⑦〉。

C：「最初のマナブは見られたい，褒められたいだけだね」
C：「最後のマナブは困っているおじさんのために親切にしている」
C：「最初のマナブは体だけの親切。最後のマナブは体＋心の親切」
T：「どういうことかな？」
C：「最初のマナブは心がこもっていないから，ロボットがやっているのと同じだと思う。でも，最後のマナブは心がこもっている。それは人間ってことだと思う」

　このような説明をしながら写真⑧の図を描きにきてくれました。
　子どもの感性って本当に豊かだなって感じます。この発言を聞いて，続きを考えている子がいました。

3章　実例でよくわかる道徳板書　147

机間巡視をしている際に見つけました
「面白いから前に書いてくれない？」とお願いをしました

写真⑨

　面白いことに，親切のレベルを考えていました。先ほどの発言に触発されて，「体だけの親切は親切レベル１，体と心でやっている親切はレベル２，体と心で継続して行っている親切はレベル３」という考え方をしました。
　さて，ここから，子どもたちの思考にさらに火がついてきました。
「レベル３があるってことはレベル４もあるのでは？」と考え出す子。
「レベルじゃない表現も考えられそうだな」と悩む子。
「だったら，こういう図もあるんじゃないかな」と図を描きにくる子。

写真⑩　　　　　　　　　　　　　写真⑪

　写真⑩や⑪のように，メーターや天秤を描いて説明をしていました（厳密に言うと，写真⑪は後のマナブの方が心の器が大きくなって天秤が下に下がるような気がしますが……そこはご愛嬌ということで）。

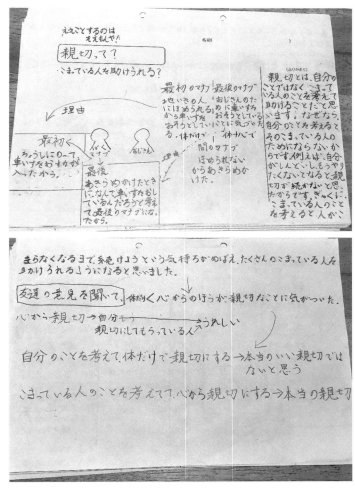

　さて，ここまで考えが出尽くした後は，ふりかえりの時間となります。道徳の学習の際には，ふりかえりの時間を十分に確保して自分と向き合うようにしています。特に嬉しかったのは，「友達の意見を聞いて」と書いている子が多かったところです。友達から考えを吸収できるというのは，多面的・多角的に考える第一歩になるのではないでしょうか。

3章　実例でよくわかる道徳板書　149

■ ポイント③ 「問い」からつくる板書

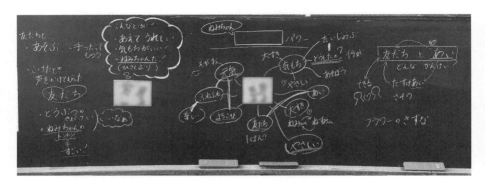

　上の写真は、絵本『どうしちゃったの？ねずみくん』（作：なかえよしを　絵：上野紀子　ポプラ社）を使って、2年生で飛び込み授業をしたときの板書となります。

　絵本のあらすじを簡単に紹介します。主人公は元気のないねずみくんです。動物たちは曲芸を披露して、ねずみくんのことを元気づけようとしますが、ねずみくんは元気になりません。そこで、親友のねみちゃんがやってきて、肩をトントンとしたら、ねずみくんが元気になるという話です。いろいろと元気づけようとしたのに元気にならず、ねみちゃんが肩をトントンとしただけで元気になるという不思議を子どもたちと一緒に紐解いていきたい絵本となります。

　授業としては、内容項目「友情，信頼」として扱い、「ねみちゃんのトントンにはどんなパワーがこめられているか」というところを中心として考えていきました。

　上の写真をご覧いただくとわかるように、基本となる3分割で板書を行っています。中心発問の部分はイメージマップ型で板書することにしました。

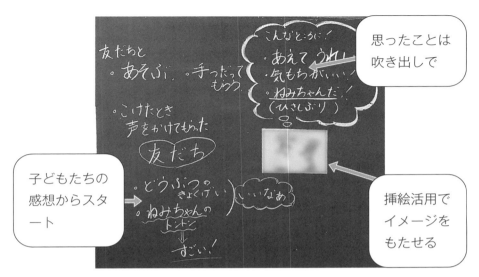

写真①「黒板左側3分の1」

　写真①は、「導入」「教材を読んでの感想」「ねみちゃんにトントンされたときの気持ち」のところになります。

　絵本を読み終えた後は、子どもたちに感想を聞くところからスタートしました。感想を聞いた際は、できる限り板書として残しておくようにしています。こうしておくと、後々の展開に繋がってくることがあるからです。今回は、子どもたちから「ねみちゃんのトントンはすごい！」という感想が出てきました。そこから「そのときのねずみくんの気持ちは？」や「なんですごいと思ったの？　そこを考えてみる？」と続けていきました。

　低学年の授業で意識しているのは、「なるべく答えやすそうな発問からしていく」ということです。抽象度の高い発問からすると、イメージをすることが難しくなります。そこで、「トントンとされたとき、ねずみくんはどんなことを思ったのかな」というところから聞いていきました。「思ったこと」は写真のように吹き出しにしておくと、イメージしやすくなります。

3章　実例でよくわかる道徳板書　151

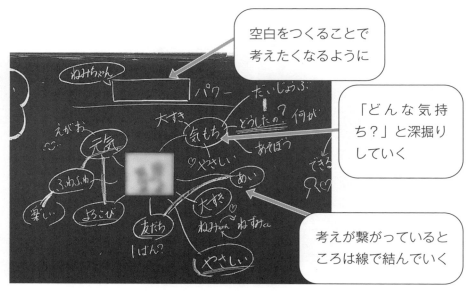

写真②「黒板中央」

　写真②は，中心発問のところとなります。ここでは，「ねみちゃんのトントンにはどんなパワーがあるのだろう？」と問いかけ，黒板に「ねみちゃん（　　　　）パワー」という形で空白を設けて書きました。

　ここで，「ねずみくんがねみちゃんに肩をトントンとされたときに喜んだのはなぜ？」と問うと，低学年の子どもたちにはやや難しい感じがします。

　「〇〇パワーとは？」など，低学年の子どもでも思わず答えたくなる言い回しに変換してあげると，たくさん意見が出てきます。

　出てきたキーワードをイメージマップ型を活用して黒板にどんどん書き進めていきます。その際に，考えが繋がりそうなところは，子どもたちに「こことここは繋がりそう？」と聞きながら線で結んでいきます。

　「気持ちパワー」という答えに対しては，「それは，どんな気持ちなの？」と聞いてみました。「どうしたの？」と心配する気持ちや，「大好きだよ」という気持ちが含まれていると答えていました。

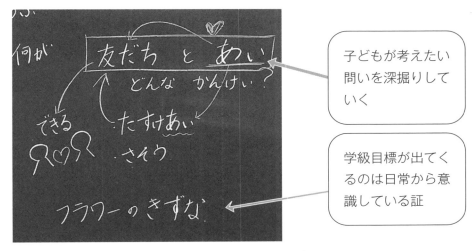

写真③「黒板右側3分の1」

　黒板中央のところでの話し合いがある程度進んできたときに、子どもたちに「たくさん意見が出てきたね。もう少しお話をしたいんだけど、どこをお話したい？」と尋ねました。

　すると、「友達と愛の関係について！」という声が上がりました。授業しているときには正直、低学年にはそれは難しいだろうなと思ったのですが、せっかくなので挑戦してみることにしました。

C：「愛があるから、助け合いが生まれ、友達になれる」
C：「愛があるから友達を誘える」「誘うことで友達ができる」
C：「あ、フラワーのきずな（学級目標）と一緒だね」

　このような答えが返ってきました。実はこのクラスの学級目標には、「あい」という言葉が入っていました。「助け合い」などの「〜合い」の意味と「愛」の意味が入っているそうで、それを思い返したようです。道徳の授業をしているときに学級目標を思い出す子たち。なんだか素敵じゃないですか。

3章　実例でよくわかる道徳板書　153

■ まとめ

　この節では，「キーワード」「図」「問い」からつくる板書を紹介しました。**これらの要素に共通して重要なのは，「子どもたちにゆだねる」ということと「考えを引き出す」ということです。**

　ここで言う「ゆだねる」というのは，子どもたちに全て板書を任せるという意味ではありません。授業を進める中で，任せられるところは任せていくということになります。

　この節の最初のページでも述べたように，私は教師が枠組みを示すところまではやった方がよいと考えています。それは教師の役割だからです。枠組みを示すからこそ，子どもたちは発想を豊かにしながら考えを伝えてくれます。「キーワード」から考える。「図」から考える。「問い」から考える。これらは全て思考の枠組みとして働きます。

　一度思考の枠組みが示された後は，子どもたちの力を信じてゆだねていきましょう。ただし，そこで「ゆだねる」だけではなく，「引き出す」という意識ももちながら板書を進めていきます。

　例えば，机間巡視をしている際に，この考えは全体で共有した方が話し合いが面白くなるだろうなと感じたら，迷わず声をかけます。「この考え，めちゃくちゃ面白いから，みんなに紹介してくれる？」「この考え，素敵だね。ぜひ黒板に書いてきてほしいんだ」と，このような形で声をかけていきます。

　こうした声かけを続けていくと，子どもたちは自信をもち，いつの間にか「先生，これは黒板に書いてもいいですか？」と自ら言葉や図を書きにきてくれるようになります。

　子どもたちが黒板に書く言葉や図はきれいに描く必要はありません。少しくらいわかりにくくても大丈夫。逆にわかりにくいからこそ，「聞きたい」という気持ちが芽生え，話し合いが盛り上がることだってあります。

154

■ 最大のコツはリラックスして臨むこと

　最後に最大のコツをお伝えしたいと思います。**それは肩の力を抜いてリラックスして授業に臨むということです。**

　具体的には，板書を「きれいにまとめよう」と強く意識し過ぎないということになります。確かに「見やすい板書」というのは，大事なのかもしれません。

　ですが，それ以上に大切なのは，子どもたちの思いがあふれ，1時間の授業が終わった後に「今日の授業で自分たちの考えを出し切った！」と感じるような板書ではないでしょうか。

　そのためには，肩の力を抜いてリラックスするくらいがちょうどいいのです。教材研究をしていると，「ここは，絶対に〇〇について聞こう」とか「黒板のここには，絶対に〇〇を書こう」と思ってしまいがちです。そういう思考が教師に強く働いているときの板書は，どうも子どもの意見や考えを教師がやりたいように誘導しがちになってしまいます。でも，そうだと柔軟な考えは出てきません。

　教師がリラックスして授業に臨んで，「うわ！　なんだこれ？」というのを子どもたちと一緒に楽しむくらいのマインドで板書に臨むのがちょうどよい感じになるのではないでしょうか。**「これを書かねばならん」という鎧を脱ぎ捨てて，ぜひ子どもたちと一緒につくる板書を楽しんでみてください。**

ポイント
- 子どもに「ゆだね」て「引き出す」ことを意識する
- 肩の力を抜いてリラックスして板書を楽しむ！

あとがき

黒板は一枚のキャンバス

「授業は一期一会であり，2度と同じものにはならない」という言葉を聞いたことがあります。板書もまさに同じではないでしょうか。板書計画の段階では，大きな枠組みを考えてのスタートになるのですが，授業が始まり，子どもたちの思考が黒板上を駆け巡っていくうちに，どんどんと変化していき，最後にはまるで一つの作品のようになるのでした。

「板書は思考のツールであり，みんなの共有ノートである」
普段，このように考えている私ですが，出来上がったものを見ると
「板書はみんなでつくりあげた共同作品である」
と，思うこともしばしば。だから消すときには寂しい感情が湧いてきます。

まえがきで述べていたように板書には「魔法の力」がこめられているような気がしてならないのです。小学校なら45分間，中学校なら50分間，教室という同じ空間にいるみんなで1つのものをつくりあげる経験は，大人になってからは，そうそうできない経験だと思います。

だからこそ，本書を手に取ってくださった方には，ぜひとも「子どもの声」を大切にしながら板書を進めてほしいと願うばかりです。黒板を3分割にして板書計画を考える。「板書の型」などの枠組みを使い，授業の方向性を示す。そして，後は子どもたちと一緒に自由に書き進めていけばいいのです。

さて，板書の話をする上で避けて通れないのが，ICTの話となります。ICTが導入されてから，「板書の役割はなくなったのでは？」という声も聞かれますが，果たしてそうでしょうか。

私自身，道徳の授業でICTを使うことも多々あります。すると，アプリ上で意見を共有できるので，黒板を使う意味が薄れることがあるのも，事実なのでしょう。

　ただし，ICTで意見を共有する場合と，黒板上でみんなの声を聞きながらつくりあげていく場合とでは，その効果は違うものとなってきます。

　ICTは瞬時に意見を共有できること，みんなの意見が可視化されることに価値があります。これは本当に素晴らしいことであり，みんなの前で意見を表明するのが恥ずかしいという子にとっては最適の支援ツールになっているのは間違いないことでしょう。

　一方で，黒板で意見を共有しているときには，共同でつくりあげていく過程にこそ意味があると思っています。本書の中でも登場していたように，黒板に書かれた言葉を見て，その続きを付け足したり，人が描いた図にインスピレーションを受けて，新たなアイデアが生まれてきたりするのは，まさに板書の醍醐味だと思います。

　どちらが素晴らしいということではなく，どちらも素晴らしいツールなので，私は今後も両方を使っていきたいと思います。

　黒板を一枚のキャンバスと見立て，板書を子どもたちと共につくりあげていく過程を楽しんでいただきたいと願いながら，本書を結びたいと思います。

森岡　健太

参考文献

・安斎勇樹・塩瀬隆之　著『問いのデザイン　創造的対話のファシリテーション』学芸出版社，2020年
・なかえよしを　作／上野紀子　絵『りんごがたべたいねずみくん』ポプラ社，1975年
・なかえよしを　作／上野紀子　絵『どうしちゃったの？ねずみくん』ポプラ社，2010年
・林木林　作／庄野ナホコ　絵『二番目の悪者』小さい書房，2014年
・細谷功　著／一秒　漫画『具体と抽象―世界が変わって見える知性のしくみ』dZERO，2014年
・目黒勝道　著『感動経験でお客様の心をギュッとつかむ！　スターバックスの教え』朝日新聞出版，2014年
・森岡健太　著『おもしろすぎて授業したくなる道徳図解』明治図書出版，2021年
・文部科学省『小学校学習指導要領（平成29年告示）解説　特別の教科　道徳編』
・令和２年度版教科書『小学道徳　生きる力　２～６』日本文教出版

【著者紹介】
森岡　健太（もりおか　けんた）
1987年生まれ。京都府公立小学校教諭。神戸大学発達科学部卒（教育学部）。京都連合教職大学院卒。初任校での，道徳の公開授業失敗をきっかけに，道徳の研究に目覚め，市の道徳教育研究会に所属する。10年以上，道徳の授業づくりを研究し，現在は他校へアドバイスをしに行くこともしばしばある。日本道徳教育学会所属。
〈著書〉
『おもしろすぎて授業したくなる道徳図解』（明治図書）
『おもしろすぎて子どもに会いたくなる学級経営図解』（明治図書）
『森岡健太の道徳教材研究ノート』（明治図書）
『おもしろすぎて心も体も軽くなる仕事術図解』（明治図書）

〔本文イラスト〕ネコ先生

本書掲載の板書画像はこちらより→

森岡健太の道徳板書

2024年8月初版第1刷刊 ©著　者	森　　岡　　健　　太	
発行者	藤　原　光　政	
発行所	明治図書出版株式会社	
	http://www.meijitosho.co.jp	
	（企画）茅野　現　（校正）中野真実	
〒114-0023　　東京都北区滝野川7-46-1		
振替00160-5-151318　　電話03(5907)6702		
ご注文窓口　　電話03(5907)6668		

＊検印省略　　　　組版所　株式会社アイデスク

本書の無断コピーは，著作権・出版権にふれます。ご注意ください。

Printed in Japan　　　　　　ISBN978-4-18-382921-4
もれなくクーポンがもらえる！読者アンケートはこちらから

おもしろすぎて
授業したくなる道徳図解

森岡 健太 著

本書では、道徳の授業づくりについて、図解付きでとにかくわかりやすく解説。たとえば、教材分析は内容項目ごとに考える視点を明示。また、板書については心情曲線型、過去未来型など、特徴に応じて8つに分類。おもしろすぎて、すぐに授業したくなる本の誕生です。

A5判／152ページ／2,090円（10％税込）／図書番号 3758

森岡健太の
道徳教材研究ノート

森岡 健太 著

ベストセラー『おもしろすぎて授業したくなる道徳図解』の著者である森岡健太先生の教材研究の仕方を大公開！教材研究の基礎基本から手順、内容項目ごとの教材研究の仕方まで詳しく解説します。読み終わった後に「早く教材研究したい！」と感じる1冊です！

A5判／160ページ／2,376円（10％税込）／図書番号 3828

明治図書　携帯・スマートフォンからは **明治図書ONLINEへ**　書籍の検索、注文ができます。▶▶▶

http://www.meijitosho.co.jp　＊併記4桁の図書番号（英数字）で、HP、携帯での検索・注文が簡単に行えます。

〒114-0023　東京都北区滝野川7-46-1　ご注文窓口　TEL 03-5907-6668　FAX 050-3156-2790